# यादों की किताब

महबूब अहमद फ़ारूक़ी

# क्रम-सूची

# क्रम-सूची

# क्रम-सूची

# दो शब्द

प्रस्तुत काव्य संकलन "यादों की किताब" में भारत के 15 प्रकाशनों द्वारा प्रकाशित 46 काव्य संकलनों,स्मारिकाओं तथा पत्रिकाओं में प्रकाशित हुई 45 आज़ाद नज़्मों एवं 16 गज़लों को संग्रहित किया गया है।

हिन्दी पाठकों की सुविधा के लिए उर्दू के कठिन शब्दों के हिन्दी में मायने प्रत्येक रचना के अन्त में दिए गए हैं।

प्रस्तुत काव्य संग्रह मेरी शरीके-हयात **मोहतरमा कैसर फारूकी नरगिस** की नज़्र है।

मेरे अभी तक के सम्पूर्ण लेखन में मेरे परिवार, गुरूजन एवं इष्ट मित्रों की विशेष, प्रेरणा एवं सहयोग रहा है।

प्रारंभ में मेरे वालिद मरहूम मोहतरम ज़हूर अहमद फारूकी शाकिर साहब

मेरे गुरूजन मरहूम मोहतरम सादिक अहमद "सादिक" सा0 एवं मरहूम मोहतरम जगदीश शरण खरे "शाकिर" साहब की प्रेरणा रही है।

मेरी पत्नी मोहतरमा कैसर फारूकी नरगिस ने मुझे लेखन की दिशा में हमेशा प्रेरणा दी है और दे रही हैं। मेरे भाई रफीक़ अहमद फ़ारूकी और मेरे पुत्रों कामरान,रिज़वान और इमरान का सहयोग विशेष उल्लेखनीय है।

मेरे इष्ट मित्रों विशेषकर श्री जी.पी. त्रिपाठी,श्री आत्मा राम द्विवेदी एवं श्री ओ.पी. शुक्ला का सहयोग सराहनीय रहा है।

महबूब अहमद फ़ारूक़ी 'महबूब'

# सामान्य परिचय

महबूब अहमद फ़ारूक़ी 'महबूब'

पिता- मरहूम मोहतरम ज़हूर अहमद साहब
(बिजावर के ख्यातनाम शिक्षक एवं चित्राकार)
जन्म- 02 सितम्बर 1940
स्थान- मौज़ा कुर्रही, ज़िला बॉदा, यू. पी.
शिक्षा- एम.ए (अंग्रेजी व इतिहास),एम. एड.
फिशर हाई स्कूल बिजावर व महाराजा कालेज छतरपुर (म.प्र.)
सम्प्रति-पूर्व प्राचार्य, शिक्षा महाविघालय
लेखन-
भाषाः- उर्दू ,हिन्दी अंग्रेज़ीकृतियाँ
   विद्याः- शायरी , कहानी , समीक्षा (साहित्यक) आलेख,
      विविध आलेख , इतिहास लेखन
1 - यादों की किताब (काव्य संग्रह)
2 - चन्द अफसाने (कहानी संग्रह)

3 - बिजावर के साहित्यकार (समीक्षा आलेख संग्रह)

4 - मुबारकबाद (कविता शायरी एवं विविध आलेख संग्रह)

5 - भारतीय चित्राकला एवं मूर्तिकला का संक्षिप्त इतिहासः

-एक अध्ययन

e-mail = unique.engineers171@gmail.com

# आज़ाद नज़्म

# 1. आज़ाद नज़्म: कदमो को नौजवानों

कदमो को नौजवानों बढ़ाते चले चलो,
सोई, पड़ी है क़ौम जगाते चले चलो।
आए जो तोड़ने कोई चुभ जाओ बन के खार,
वरना खुश्बू-ए-गुल उड़ाते चले चलो ।
दुश्मन के वास्ते रहो तलवार तुम सदा,
वरना सदा-ए-अम्न सुनाते चले चलो।
आवाज दे रहा है शहीदो का लहू ये,
सर को सुतूने-दार पा लाते चले चलो।।
नफरत की वादियो में दो पयामें-मुहब्बत,
भारत की अज़मत को बढ़ाते चले चलो।
पतवार होगी देस की कल को तुम्हारे हाथ,
कश्ती भंवर की ज़द से बचाते चले चलो।
हर गाम पा मुश्किल हो घबराओ नही तुम,
हिम्मत से हर क़दम को बढ़ाते चले चलो।
तुम शान हो वतन की, है नाज़ मुल्क को,
भारत की शान-आन बढ़ाते चले चलो।
कदमो को नौजवानो बढ़ाते चले चलो ।।

रचना वर्ष :1967 प्रकाशन वर्ष :1992/2014

शब्दार्थ:

गुल = फूल; खार = काँटा;
सदा-ए-अम्न = शान्ति का संदेश;
सूतूने-दार = बलिवेदी; पयामे-मुहब्बत = प्रेम का संदेश;
अजमत = महानता, ज़द = घेरा; गाम = कदम, पग;
क़ौम = समाज; नफरत = घृणा; वादी = घाटी; देस =
देश, मुल्क;
नाज़ = गर्व।

# 2. आज़ाद नज़्म: बुन्देलखण्ड

गोंडो की ज़मीं,
चंन्देलों का वतन,
बुन्देलों का चमन,
क़ल्बे-हिन्द बुन्देलखण्ड।
सफ़े-आरा हैं हर सिम्त यहाँ
ख़ामोश परबतों की चोटियाँ
अनजान वादी के मुसाफ़िर से
कहती है अज़्म-कोहकन की कहानियाँ।
संग-जारों से फूटे चश्में,
पैग़ाम लिए बहे ज़ाते हैं
कोहसारों से लिपटता है जब
आबशारों का शबाब
दूर कहीं दहकाँ के दिल में
मसर्रतों का समुन्दर मौजे लेता है,
ऐसा लगता है कि इसकी धरती पर
फैला है किसी सब्ज़ परी का आँचल।
खुशगवार हवाऐं इसकी
परदेस में बैठे पिया का
बिरहन का संदेसा लाती हैं,
इसके सुहाने मौसम

इसकी रंगीन फ़िजा
इसका हुस्नो-जमाल,
इन्हीं से पाए हैं
पदमाकर के गीतों ने रंगीन कमाल।
हर काफ़िला-ए-वक़्त यहाँ से गुजरा है,
हर दामने-वक्त से वाबस्ता है
इसकी तारीख का दामन।
हरदौर की तहजीब के उभरे है नक़्श,
ये रहा है हर तहज़ीवों-तमद्दुन का नक़ीब।
इसके सीने में है
चित्राकोट का जंगल,
जर्रें जर्रें में वसा है जिसके रामो -सीता व लछमन का
किरदार
ऐसा लगता है कि महवे-तस्लीम यहाँ
हर चट्टान पर बैठा है एक-एक दरवेश
इन्हीं दरवेशों के साए में मिला
तुलसी' को फने-शायरी का उरूज।
घर-घर में यहाँ हरदौल की पूजा होती है,
भावी के माथे पर लगे दाग को धोने के लिये
हंस-हंस कर पिया था जिसने ज़हराब
हरदौल सा देवर पाकर
हर भावज किस्मत पर अपनी रश्क किया करती है
हर चश्म उसके लिये नम हुआ करती है।
यहीं खजुराहो है
चन्देलों की अज़ीमत का सबूत।
फ़ने-संगतराशी की बुलंदी का सबूत।
हर चट्टान पै उभरा है यहाँ एक शिवाला,

हर पत्थर पर उभरा है एक-एक बुत,
हर बुत में फ़नकार ने निचोड़ा है
अपनी रगों का लहू।
उनमें खिलाए हैं उसने
अपने दिल कें फूल,
ज़हने-शायर में खिलें जैसे अश आर के फूल।
न वालि-ए-बाँदा ही रहा,
न रानी झांसी का निशाँ,
जंगे आज़ादी का जिन्होंने
फूँका था पहला सूर।
हर मुहब्बे-वतन के दिल में
याद उनकी ताज़ा है।
हर दिल में यहाँ नरमी है,
बाजुओं में फोलादी ताक़त।
पिघल जाऐं तो शबनम हैं,
बिगड़ जाऐं बदल डालें वक्त के धारे,
हर दिल यहाँ शायर है
हर ज़हन है फ़नकार,
कान पन्ना के हीरों की तरह
बिखरे हैं यहाँ
माहिरे-इल्मों हुनर
अदीबों-शायरो-फनकार।
दौर माज़ी हो, हाल हो या मुस्तक़बिल,
यहाँ के लोगों का रहा है अपना चलन।
वक़्त के धारों ने
आह! तोड़ी इसकी हर मौज
काश! टूटी हुई बिखरी हुई

ये मौंजे जुड़ पाती,
क़ल्ब हिन्द बुन्देल खण्ड।

रचना वर्ष : 1973 प्रकाशन वर्ष : 2003 ; 2008-09

## शब्दार्थः

सफ़े आरा=पंक्तिवद्ध; वादी=घाटी; अज़्म-कोहकन =
फरहाद का संकल्प; अज़्म=संकल्प;
कोहकन = फरहाद,पहाड़ तोड़ने वाला,मेहनतकश; संग-
ज़ारों=पत्थरों; कोहसारों=चट्टानों;
चश्मे=जल धराऐं; पैग़ाम=संदेश; आबशारों=झरनों;
शबाब=यौवन; दहक़ाँ=किसान;मुसर्रतों=खुशियों;
हुस्नं=सौन्दर्य; क़ाफ़िला=कारवाँ,पैदल यात्रियों का समूह;
दामने-वक़्त=समय का आंचल; वाबस्ता=सम्बद्ध;
तारीख=इतिहास; तहजीब=सभ्यता; नक़ूश=चिन्ह; तहज़ीबो-
तमद्दुन=सभ्यता,संस्कृति; किरदार=चरित्रा,गुण,व्यक्तित्व;
महवे-तसलीम=आराधना में लीन; दरवेश=ऋषि-
मुनि;उरूज=उच्चता;
भावी - भावज़= भाभी; माहिरे-इल्मों-हुनर=विद्या-
कला,प्रवीण,
अदीबों-शायरों-फनकार=लेखक- कवि- कलाकार !
ज़हराब=हलाहल;रश्क=इष्र्या; चश्म=आंख;
अज़मत=श्रेष्ठता,महानता; फ़ने-संगतराशी=पत्थर कला;
फन=कला,संगतराशी=गढ़ना पत्थरों से; शिवाला=मंदिर;
बुत=मूर्ति; अशआर=काव्य;
वालि-ए-बाँदा=बाँदा का नबाब;

सूर=शंख; वाली=मालिक, शासक; माजी=भूतकाल; हाल=वर्तमान
काल; मुहब्बे-वतन=देश-भक्त;
ज़हन=बुद्धि; मुस्तक़बिल=भविष्य काल;
दौर=युग, काल; मौज=धारा, लहर, तरंग; कल्ब=हृदय; कल्बे
हिन्द= भारत का हृदय प्रदेश !

# 3. आज़ाद नज़्मः मज़दूर की सदा

चमन तुम को मुबारक हो
हम रहते हैं बियाबानों में,
फूल खिलाए कितने
चट्टानों के सीनों में,
फलक न डरा
नहीं डरते हम
बिजली के शरारों से।
साहिल की तमन्ना कौन करे
खेले है गरदाबों में।
कोहकनों से कहते हो
अपनी हविस के अफ़साने,
पाक मुहब्बत जिन्दा रखी
हमने ही सहराओं में।
मेहनत कश मज़दूर हैं हम
चाह नहीं है महलों की
खुश हैं हम अपनी कुटियाओं में।
सोए हैं हम
न जगा हमको तू,
टकरा न हम से तू,
बदल डाले कितने

वक्त के धारे हैं।
हमने जो अंगड़ाई ली
बचा पाओगे न
इन गुलिस्तानो को।
इंकलाब हमारी फ़ितरत है
आबाद किए हमने
ज़िन्दाँ के सियह-खानों को।

रचना वर्ष : 2005 प्रकाशन वर्ष : 2005/2013

शब्दार्थ:

सदा=आवाज़; चमन=वाटिका; बियावान=निर्जन जंगल;
साहिल=किनारा; गरदाब=भंवर; फ़लक=आकाश;
शरारा=चिंगारी; कोहकन=पहाड़ पत्थर तोड़ने वाला
श्रमजीवीं;हवस=वासना; सहरा=मरूस्थल,रेगिस्तान;
इंकलाब=परिवर्तन (क्रान्ति का नारा); फ़ितरत=प्रवृति;
ज़िन्दाँ=कारागार,सियह-ख़ाना=काल कोठरी;
गुलिस्तान=बाग,उघान !

# 4. आज़ाद नज़्म: बटोही से

रूक गए बढते क़दम
जीवन डगर के मोड़ पर
झिलमिलाते उडगुनों सा
आलोक पुंज अब निस्तेज है ।
निशा की माँग का सिन्दूर
अर्मा के अश्रुओं में पुंछ गया,
ढह गया स्वप्निल महल
लुट गई दुनिया किसी की
एक प्रकम्पन के साथ
साज ही जब जिन्दगी का रूक गया
मौन अब जीवन का राग ।
रूक बटोही सुन जरा
आसान नहीं है मंजिल को पाना ।

रचना वर्ष : 1963 प्रकाशन वर्ष : 2005

# 5. आज़ाद नज़्म: बहादुर शाह 'ज़फ़र'

प्लेटो का तसव्वर तू !
पैरहन शाही-जिन्दगी दरवेशाना,
ए शायरो-मुफक्किरो-शहंशाहे-हिन्दोस्ताँ ।
संगे-बुनियाद था तू
सुतूने-आज़ादिए-हिन्दोस्ताँ।
अलम बरदार था तू
जंगे-आज़ादिए-हिन्दोस्ताँ।
हुकूमत जब तिरी
कस्रे-देहली तक ही महदूद थी,
तसलीम सबने किया तुझको
शहनशाहे-नौ-हिन्दोस्ताँ।
वे मराठे जो हमेशा
हरीफ़े-सल्तनते-मुग़लिया रहे,
उन्ही पेशवाओं के पिसर नाना साहब ने
बेन्याम शमशीर की तेरे परचम तले,
एकता, प्रेमों-कुरबानी का
संदेश पाकर तिरा,
ला तादाद अफ़राद आगे बढ़े तिरी ताईद में,
तेरे इक इशारे पर
जाँ-सिपारों ने कटा डाले अपने सर

शम्अ पर जैसे
परवाने लगा देते हैं बाज़ी जान की।
एक दरिया शहीदाने-वतन के खून का
बेकसो-मज़लूम भारत माँ के
क़दमों की जानिब था रवाँ।
वो खूँ हिन्दू का था न मुसलमाँ का था,
वो लहू मुहब्बाने-वतन का था,
हिन्दोस्ताँ के बेटों का था।
फिरंगी के जौरो-सितम के सामने
नमरूदो-फ़िरऔन भी शरमा गए
शाहज़ादों के कटे सर
जब सामने तेरे लाए गए,
पुर सुकूँ लहजे में था तूने कहा-
'पिसर आते है इसी तरह
सुर्ख-रू होकर पिदर के सामने ।
क़स्रे-सुल्तानी में ही
तू कैद में डाला गया,
असीरी में ही किसी ने
तन्ज़ तुझ पर था किया-
दास्ताने-शाने-हिन्दोस्ताँ खत्म शुद,
ताक़ते-शम शीरे- हिन्दोस्ताँ खत्म शुद,
जानों-अमाँ की ख़ैर अपनी माँग लो अब।
लाग़री-ओ-पीरी के आलम में भी
खून-शाही खौला था तब तेरा।
दी दुहाई तूने थी-
हिन्दोस्ताँ के ईमान की,
अपनी आज़ादी के लिये-

तख़्त-लन्दन तक चलेगी
तेग़ हिन्दोस्ताँ की।
तेरे दीवानों ने की आरजू पूरी तिरी।
एक हसरत बाकी रही दिल में तिरे-
काश! सुपुर्दे-खाक होता
अपने वतन की खाक में।
ऐ दास्ताने-शाने-माज़िए-हिन्दोस्ताँ,
ए संगे-बुनियादे-तामीरे-नौ हिन्दोस्ताँ,
तू कहीं सोया रहे तो इसमें क्या,
तुझको नवाज़ेगी तारीखे-नौ हिन्दोस्ताँ।
अस्सलाम ए आख़िरी ताजदारे, किश्वरे ,हिन्दोस्ताँ।

रचना वर्ष :1978 प्रकाशन वर्ष :2007/2014

## शब्दार्थ:

तसव्वुर=परिकल्पना;पैरहन =पोशाक;दरवेशाना=फ़कीरों
सा;मुफ़क्किरो=विचारक,दार्शनिक; संग-बुनियाद=नींव का
त्थर,सुतून=स्तंभ,अलम बरदार=ध्वज वाहक, कस्रे-देहली=
दिल्ली का किला,लाल किला; महदूद=सीमित;
तस्लीम=स्वीकार; बेन्याम=म्यान से बाहर;
अफ़राद=व्यक्ति; हरीफ़े सल्तनते मुगलिया= मुगल
साम्राज्य के विरोधी/प्रतिस्पद्रयाँ; शमशीर/तेग=तलवार;
ताईद=समर्थन; परचम=झंडा,ध्वज; ला तादाद
अफ़राद=असंख्य लोग; जाँ-सिपारों=जान न्योछावर करने
वाले; नमरूदो-फ़िरऔन=मिश्र के अत्याचारी शासक;
पिसर=बेटा; पिदर=बाप, असीरी=क़ैद; लागरी-ओ-

पीरी=कमजोरी और बुढ़ापा; हसरत=इच्छा;
दरिया=नदी;मुहब्बाने वतन=देश भक्त; बेकस=लाचार;
मज़लूम=पीड़ित;जानिब=ओर,तरफ; रवाँ=प्रवाहित;
फिरंगी=अँग्रेज; जोरो सितम=अत्याचार;पुर सुकूं=शान्तिपूर्ण;
सुर्खरू=खून से लथपथ; कस्रे सुल्तानी=शाही क़िला;
तन्ज़=व्यगं; दास्तान=कहानी; शान=वैभव; खत्म
शुद=समाप्त,अन्त; जानो अमां=जीवन रक्षा; आरजू=इच्छा;
लागरी=कमज़ोरी; पीरी=बुढापा; हसरत=लालसा; सुपुर्दे
खाक=दफन होना; खाक़=मिटटी; माज़ी=भूतकाल;
तामीर=निर्माण; नौ=नया,नवीन; नवाज़ना=अलंकरण;
तारीख=इतिहास;
ताजदार=मुकुटधारी; किश्वर=सम्राट,बादशाह।

# 6. आज़ाद नज़्म: मौत के ताजिर

ख़ंजर घोंप देना-गोली दाग़ देना,
खिल खिलाती ज़िन्दगी को मौत दे देना।
मौत के ताजिर।
तिजारत ये बड़ी आसान है।
मौत का साया
अजब साया है मगर,
मौत दस्तक देती है,
हर दर पर ज़रूर।
उसकी दस्तक से कहां भागोगे,
कहां छुपाओगे अपना सर ?
जब मौत का साया पड़ेगा अपने ही सर,
मौत के शिकंजे में जकड़ी ज़िन्दगी,
क्या वापस ला पाओगे ?
ये नहीं मुमकिन
तो फिर मुमकिन है क्या ?
ज़िन्दगी गर पा नहीं सकते,
किसी को दे नहीं सकते,
हंसती मुस्कराती ज़िन्दगी को
ख़त्म करने का हक़ तुमकों किसने दिया ?
ज़िन्दगी और मौत तो ख़ुदा के हाथ हैं।

रचना वर्ष : 2000 प्रकाशन वर्ष : 2007

## शब्दार्थः

ताजिर=व्यापारी; तिजारत=व्यापार; खंजर=छुरा;
साया=छाया,परछाई; अजब=अजीब,विचित्र;
दस्तक=थपथपाहट; दर=द्वार/दरवाज़ा;
शिकंजा = बंधन; हक़=अधिकार/खुदा।

# 7. आज़ाद नज़्म: रहबरे-क़ौम

रहबरे-क़ौम!
ये वादा-फरामोशी कब तक ?
सोचा था
जुल्मते-शब के गुज़र जाने पर,
एक वक़्त का सही
भरपेट गुज़ारा होगा
हर तन कपड़े से ढँका होगा
झोपड़ी ही सही
अपना भी मकाँ होगा ।
एक मुद्दत गुजरी
आज़ादिए-कामिल पाए
हर जश्न में,
हर मौके पर
ये वादे दुहराए तो लेकिन,
सियासत के
पेंचों-ख़म में उलझकर,
तामीर के पहले ही
ख़्वाबों के महल ढाए।
हर बार यही कहते आए
माज़ी के दरीचों में न झाँको,

मायूस न हो हाल से अपने
मुस्तक़बिल के दरख़शाँ नज़ारे देखो।
माज़ी को भुलाया जा सकता है,
मुस्तक़बिल के हंसी नज़ारों में
हाल को झुठलाऐं कैसे?
तामीर अमल है,
बातों से कहीं तामीरें हुआ करती हैं?

रचना वर्ष : 1970 प्रकाशन वर्ष : 2007/2014


शब्दार्थः


रहबर= नेता/लीडर; कौम=राष्ट्र/समाज; जुल्मते-शब=अंधेरी
रात (भावार्थ है परतंत्राता से); मकां=मकान/घर;
सियासत=राजनीति; आज़ादिए-कामिल=पूर्ण स्वतंत्राता,
पैंचों-ख़म=उलझाव; माजी=भूतकाल; ताबीर=स्वप्र की
सकारता; दरख़शाँ=चमकदार, तामीर=निमार्ण वादा
फरामोशी=वादा पूरा न करना; दरीचा=वातायन/खिड़की;
मायूस=निराश; हाल=वर्तमान; मुस्तकबिल=भविष्य;
नज़ारा=दृश्य; हसीं=हसीन/सुन्दर; अमल=क्रियान्वन !

# 8. आज़ाद नज़्म: 'सहर कर जायगा'

दीप जलाती है
हर शाम
अंधेरे कमरे के
कोने में।
सर्द हवा के झोंके
टूटे कांच की
खिड़की से
बार-बार
दीप बुझाने की
कोशिश करते हैं।
लौ लपलपाती है
पर दीप जलता रहता है,
दायरा छोटा ही सही
रौशनी फैलाता रहता है।
क्या पता किसी अंधेरी रात में
वो आए अगर
टूटे कांच की खिड़की से
अंदर झांकेगा जरूर,
ये टिमटिमाता दिया
किसी के होने का

अहसास कराएगा।
ये तारीकी गुज़र जायगी
दीप भी बुझ जाएगा आखिर
बुझते बुझते मगर
सहर कर जायगा।

रचना वर्ष : 2006 प्रकाशन वर्ष : 2007/2011

शब्दार्थः

दायरा=घेरा; अहसास=अनुभव,आभास; तारीक=अंधेरा;
सहर=भोर, प्रातः; सर्द=ठंडा !

# 9. आज़ाद नज़्म: तीन बुत

महल के खंडरात के सामने,
तीन बुत
ज़माने से बे ख़बर,
सालहा-साल से
तुन्द-ओ-तेज़ आंधियों-
व तेज़ वारिश को झेलते हुए,
बेहिस-ओ-हरकत खड़े हैं।
पहला बुत!
एक मर्द का है,
सर-ओ-दाढ़ी के बाल उलझे हुए हैं,
बदन के नीचे का हिस्सा ही
कपड़े से ढंका है,
हाथ और पैर ज़जीरों से जकड़े हैं,
पीठ पर कोड़ो की मार के निशां
उभरे दिख रहे है
बारिश के चन्द क़तरे जब उन पर ठहरते हैं
ताज़ा लहू की बूंदों के रिसने का
एहसास कराते हैं।
सारा दर्द!
उसकी आंखों में सिमट आया है,
अपने आक़ा के दर पर नज़रें गड़ाए
सदियों से मुन्तज़िर है,

शायद कोई फरिश्ता आकर उसे आज़ाद कराए
उसका दर्द न किसी ने बाँटा है न बांटने आएगा।
दूसरा बुत!
एक औरत का है,
रिश्ते का तकुद्दुस उसे मर्द से बाँधे हैं
वरना वो आज़ाद है,
एक कपड़े से पूरे तन को लपेटे है
जगह-जगह से फटे कपड़े से
उसका हुस्न-ओ-शबाब झांक रहा है
मुफ़लिसी में जो मुसीबत बन गया है
ये ज़रपरस्त-
अपनी हवस की खातिर
उसे ज़ीनते-शब तो बना सकते हैं,
उसके बेदाग़ दामन में
बदनुमा दाग़ लगा सकते हैं,
पर उसका तन कपड़े से नहीं ढंक सकते।
उसकी निगाहें
आसमान को घूर रही हैं,
दर्द-ओ-गम बाँटने कोई मसीहा आएगा
न कोई मसीहा आया है न आएगा,
ये चमन उजड़ा है- उजड़ा ही रहेगा
ये गुलशन वीराँ है वीराँ ही रहेगा।
तीसरा बुत!
एक बच्चे का है, चेहरा बड़ा मासूम है
माँ की गोद से चिपका है,
माँ-बाप के अफ़लास के जुर्म की-
सज़ा भुगत रहा है

गुलाम का बेटा बड़ा होकर
गुलामी की जंजीरों में जकड़ा जाएगा।
सदियाँ गुज़र गई
हर दास्तान बदली है
ये दास्तान हर दौर में लेकिन
नए उनवान में दुहराई गई है
दुहराई जाएगी।
कितने बुत-शिकन आए
मिटाने का इन्हें अज़्म लेकर
इन बुतों के आगे
उनकी शमशीरें झुक गई,
सर ख़म हो गए,
जिस सम्त से आऐ थे उसी सम्त लौट गए।
ये सिर्फ बुत ही नहीं है,
ज़िन्दगी की तरजुमानी करते हैं,
जालिमों-मज़लूम की दास्तां कहते हैं,
ये पैकरे-दर्द-ओ-गम हैं
ये उम्मीदो-यास की कहानी कहते हैं।

रचना वर्ष : 1980 प्रकाशन वर्ष : 2007

शब्दार्थः

बुत=मूर्ति; खंडरात=खंडहरों; ज़माना=युग,संसार;
बेखबर=अनभिज्ञ; साल-हा-साल=वर्ष प्रति वर्ष;
तुन्द-ओ-तेज़=प्रचंड; बेहिस-ओ-हरकत=स्थिर; निशां=निशान
चिन्ह; क़तरे=बूंदे; लहू=रक्त; एहसास(अहसास)=आभास;

आक़ा=मालिक; दर=द्वार; मुंतजिर=इंतजार में,प्रतीक्षा में;
फरिश्ता=देवदूत; रिश्ता=सम्बन्ध; हुस्न=सुन्दरता;
शबाब=यौवन; तक़ुद्दुस=पवित्राता (यहां पवित्रा बंधन)
मुफ़लिसी=गरीबी; ज़रपरस्त=पूंजीपति; हवस=वासना;
ज़ीनत=शोभा; शब=रात; ज़ीनते शब=शैया की शोभा;
वीरां=उजाड़; अफ़लास=गरीबी; बेदाग=स्वच्छ;
बदनुमा=भद्दा;दाग= धब्बा कलंक; दामन=आंचल;
मसीहा=उद्धारक;सिवा=अलावा; चमन(गुलशन)=बगीचा
उघान; वीरां=वीरान;मासूमियत=भोलापन;
निगाह=दृष्टि;दर्दोग़म=पीड़ा और दुख; गुलाम=दास;
मुस्तक़बिल=भविष्य; सदी=सौ वर्ष; दास्तान=कहानी;
उनवान=शीर्षक;बुत-शिकन=मूर्ति-भंजक; अज़्म=संकल्प;
शमशीर=तलवार;
ख़म=झुकना;सम्त=ओर;तरजुमानी=व्याख्या
पैकरे-दर्द-ओ-ग़म=वेदना एवं दुख की
मूर्ति;उम्मीदो-यास=आशा-निराशा !

# 10. आज़ाद नज़्मः ये हसीन ताजमहल

ताज महल एक खूबसूरत इमारत ही नहीं
तारीख का बाब़े-नायाब है
खुर्रमो-अजुर्मन्द की
पहली नज़र के प्यार की झलक
सदियों से है और सदियों तक रहेगी महफ़ूज़ यहाँ
खूबसूरत होगा मकाँ,मकीं होंगें हसीन जिसके
मुमताज़ो-शाहजहाँ के वेइंतिहा प्यार का
शाहिद है ये शाहकारे-जमील।
नक़्श है आयाते-कुरआनी इसमें
दो बाला हुई है ज़ीनत इसकी
सुब्ह-सादिक़ में
दर्से-कुरआनी करती है रूहें उनकी।
जवाँ जिस्म व हसीं चेहरे,
दौलतों-तख़्तो-ताज
सब जाऐगे यहीं छूट,
साथ जाएगें इंसाँ के आमाल।
मकबरे और भी हैं दुनियाँ में बहुत
बात उनमें नहीं जो इसमें है
मुमताज़ रही होगी हसीन बेशक
ख्यालात शाहजहाँ के थे लासानी

उसके तख़य्युल का करिश्मा है
ये हसीं ताज महल।
देख कर इस वादि-ए-मरमर को
लगता है जैसे
सफेद पैराहन में मलबूस
परी खड़ी हो धरती पर
या टपक पड़ा हो
आसमान से सफेद मोती अनमोल ।
सरगोशियाँ करती हैं
जब लहरें जमना की
उभरता है मधुर संगीत
उठती है पत्थरों से झंकार
ब्रजा रहे हों जैसे सितार
इस इमारत में निहाँ है मंज़र कितने देख सको तो देखो
माज़ी के हाल के व मुस्तकबिल के
पढ़ सकों तो पढ़ लो
इबारत जो तहरीर है इसमें
फ़िरदौस अगर जमीं पर है
तो यहीं है हसीं ताज महल।
चन्द अफ़राद सोचते होंगें
शहंशाह था शाहजहाँ
तामीर कराया जिसने
इतना हसीं ताज महल
क्या अकेला ही शहँशाह था
वो दुनियाँ में
हुए तामीर और कितने ताजमहल?
प्यार में सच्चाई थी उसके

दे सका दुनियाँ को मोहब्बत का तोहफा ए अज़ीम
बनवा कर ये हसीन ताजमहल।
काश! हर जोड़े के दिल में
मुमताज़ो-शाहंजहाँ सी
उल्फ़त हो जाए
पैग़ाम यही देता है
ये हसी ताज महल।
सात जुलाई दो हजार सात
दुनियाँ के नए सात अजूबो का
बना सरताज ये हसीन ताजमहल
ताज पर नाज़ करता है हर भारतवंशी
फ़रग़ से बुलन्द हुआ है उसका सर आज
खुश हुई होंगी रूहें
मुमताज़ो- शाहजहाँ की
तामीर कराकर ये हसीं ताजमहल।

रचना वर्ष : 2007 प्रकाशन वर्ष : 2008/2009

शब्दार्थः

तारीख-इतिहास; बाब=अध्याय; नायाब=अनुपम; महफ़ूज़=
सुरक्षित; खुर्रम-अर्जुमंद=शाहजहां और मुमताजमहल के
प्रारंभिक नाम; मकां=मकान/घर; मकीं=मकान में रहने
वाले; बेइंतिहा=अपार;

शाहिद= गवाह; जमील=सुन्दर; नक़्श=उत्कीर्ण; रूह-
आत्मा; आयाते-कुरआनी= कुरान शरीफ़ की आयतें;

दोबाला=दुगनी; जीनत=सोन्दर्य; सुब्ह=सादिक-ऊषा काल; दर्स=पढ़ना; आमाल=कर्म; लासानी=अतुल्य; तख़य्युल=परिकल्पना; करिश्मा=अदभुत कृत; वादि-ए-मरमर=संग मर मर की घाटी; पैराहन=वस्त्रा;

मलबूस=वस्त्रा धारण किए हुए; सरगोशी=फुसफुसाना; निहाँ=छिपा; मंज़र=दृश्य; माज़ी=भूतकाल; हाल=वर्तमान; मुस्तकबिल=भविष्य; इबारत=लेख; तहरीर=लेख(लिखी हुई) फ़िरदौस=स्वर्ग; गर=यदि-अगर; अफ़राद(फर्द)=लोग,व्यक्ति; तामीर=निमार्ण; उल्फ़त=प्रेम; पैग्ग़ाम=सन्देश; नाज़=गर्व; फ़खर=गर्व; बुलन्द=ऊँचा; तोहफा=उपहार; अज़ीम=श्रेष्ठ; अजूबा=आश्चर्य; दर्स कुरआनी=कुरआन शरीफ का पाठ;शाहकार=सर्वश्रेष्ठ रचना या निर्माण।

# 11. आज़ाद नज़्मः राज़

खोल दो दरवाज़े ज़रा

पागल ख़ाने के

सुब्ह-नसीम के

नर्म झोंके आने दो,

याद करने दो

मुहब्बत के उन लम्हात को

जो मेरी ज़ीस्त के हासिल है।

आज उसी महबूब से बहुत दूर हूं, मैं,

मलामत करता होगा उसका ज़मीर

मुझसे मुहब्बत करके।

उसे मालूम नही

वो राज़ बताउंगा उसको आज,

मै क्यों बदनाम हुआ,

यहाँ रहने के लिए मजबूर हुआ।

एक साज़िश के तहत्

पाबा-ज़ंजीर डाला गया हूं

इस सियह-ख़ाने में,

"बुर्जुआ उसूलों के ख़िलाफ़

बगाबत की थी मैंने ।

मेरी हम दम!

मेरी हम राज़!

तेरी पाक मुहब्बत की क़सम,

शायरे-बेबाक तिरा
बेवजह बदनाम हुआ,
दुनिया बाग़ी कहे या पागल
तू न समझना मुझको गलत।

रचना वर्ष : 1959 प्रकाशन वर्ष : 2008

शब्दार्थः

सुब्ह-ऩसीम=प्रातः कालीन शीतल मन्द समीर; लम्हा-
लम्हात=क्षण-क्षणों; ज़ीस्त=जीवन; हासिल=उप्लब्धि;
मलामत=धिक्कारना; ज़मीर=अन्तः करण; राज़=रहस्य;
साज़िश=षड्यंत्रा; तहत=अधीन; पाबा-जंजीर=बेड़ियों सें
जकड़कर; सियहखाना=काल कोठरी; बुर्जुआ=पुरातन;
उसूल=नियम-सिद्वान्त; हमदम,हमराज=साथी;
पाक=पवित्रा; बेबाक=निडर स्पष्ट वादी; बेवजह=अकारण;
बाग़ी=विद्रोही।

# 12. आज़ाद नज़्मः आखिरी सौगात

बेले की चन्द कलियाँ-
आखिरी सौग़ात लाया हूँ,
मेरी जाँ!
तुझे और दे सकता हूँ मैं क्या?
रूठोगी, बुरा मानोगी-
कभी न मिलने की क़सम खाओगी,
पर तुझसे मिलने का-
अब कोई इमकान नहीं,
तू अपने शौहर की अमानत है।
गरमाया था माथे को तेरे-
अपने बोसे से,
देख आईना जरा-
एक बिन्दी है वहाँ,
तेरे सुहाग की बिन्दी।
तेरी ज़ुल्फ़ों की घनेरी छाँव तले
मिरे जज़्बात उभरते थे, गीत पनपते थे
उन्ही गेसू में चमकती सिन्दूरी नागिन,
पाक मुहब्बत को डसेगी।
तिरे हाथों में हिना की राअनाई
महक के कहती है,

तू अमानत किसी और की है।
मेरी जाँ!
अब मुझसे मिलने की
न कोशिश करना,
वरना दुनियाँ कह देगी तू हरजाई है।

रचना वर्ष : 1962 प्रकाशन वर्ष : 2006/2010

शब्दार्थः

चन्द=कुछ; सौग़ात=भेंट,उपहार; शौहर=पति; बोसा=चुम्बन;
आइना=दर्पण; जुल्फ/गैसू=बाल,केश,अलका; जज़्बात=भाव;
हिना=मेंहदी, राअनाई=चमक,प्रभा; अमानत=धरोहर;
हरजाई= चरित्राहीन।

# 13. आज़ाद नज़्मः आखिरी मंजिल

वक़्त का परिन्दा
क्यों रूका है इस जगह,
क्या पता कितनी उड़ाने और भरनी हैं
आख़िरी परवाज़ तो बाकी है अभी।
बारहा गुज़रे हैं दौरे-इम्तहाँ से
कामयाबी मिलती रहे
हर बार मुमकिन नहीं,
आखिरी इम्तिहाँ तो बाकी है अभी।
चले थे जानिवे-मंज़िल
हौसला लेकर,
सहरा में भटके राहें खो गईं,
एक पल को मिली हल्की छांव जो,
बैठकर पलकें मूँदीं
ख़्वाबों में खो गए।
छाँव आख़िर साथ देती कब तलक
फिर वही सहरा
सर पर तपती धूप है,
आखिरी मंज़िल तक पहुंचना
बाक़ी है अभी।

रचना वर्ष : 2002 प्रकाशन वर्ष : 2009

शब्दार्थ:

वक्त का परिन्दा=समय रूपी पक्षी; परवाज़=उड़ान;
बारहा=बार-बार; तलक=तक/पर्यन्त;
दौरे इम्तिहाँ=परीक्षा काल; कामयाबी=सफलता;
इम्तिहाँ=इम्तिहान/परीक्षा; मुमकिन=संभव;
जानिब=ओर/तरफ; सहरा=रेगिस्तान/मरूस्थल;
ख्वाब=स्वप्न/सपना !

# 14. आज़ाद नज़्मः खुश रंग दुनिया

हजारों रंग दुनियाँ के
कभी खुश रंग लगती है
कभी बद रंग लगती है
कभी बे रंग लगती है,
हो जैसी सोच जिसकी
उसे वैसी ही लगती है
दरअसल रंगो-नूर से
भरपूर है दुनियाँ ।
नजारे देखने रगीं
गहराई में समुन्दर की
मछलियाँ गोते लगाती हैं,
उड़ाने ऊँची भरते है परिन्दे
देखने रंगीनियाँ जाकर फलक पर,
रौशनी लगती है परवाने को बहुत खुश रंग
तवाफे-शम्अ करता है
आकर जान देता है,
पड़े सजदे में नमाजी से
जाकर गर पूछो
बताएगा दिखती है
बड़ी खुश रंग दुनियाँ।

जुनूँ मजनूँ का हो आती नजर है,
खुश रंग ख़ाक सहरा की
वरना चमन के फूल भी
बदरंग लगते हैं,
सहारा जीने का है
खुश रंगी में दुनियाँ की
नही तो फिर मज़ा क्या है
याँ जीते रहने का

रचना वर्ष : 2008 प्रकाशन वर्ष : 2008

शब्दार्थः

खुशरंग=उल्लास पूर्ण; बदरंग=निराशा पूर्ण; बेरंग=नीरस;
दरअसल=वास्तव में; रंगी=रंगीन; समुन्दर=समुद्र;
नजारा=दृश्य; गोता=डूबकी;परिन्दा=पक्षी;फ़लक=आकाश;
परवाना=पतिंगा;शम्अ=मोमबत्ती;जुनूँ=पागलपन;
खाक=धूल; मज़ा=आनंद/रस; रंगो-नूर=चमक दमक;
तवाफ=परिक्रमा; याँ=यहाँ ।

# 15. आज़ाद नज़्मः
# सिलसिला इम्तहानों का

पर तौलना आता नहीं
वे परिन्दे क्या उड़ेंगे
आसमानों में।
आग़ाज़ वे कैसे करेंगे
अपने सफ़र का,
मुसाफिर जो थककर
लेटे हैं खेमों में।
ये दूरी दरमियाँ
बाक़ी आज भी है
दो क़दम तुम भी बढ़ो
दो क़दम हम भी बढ़ें
मिट जाएँ फ़ासले
जो हमारे बीच हैं।
गिला क्या
शिकवा कैसा,
मिटा दो
कसक के निशाँ सारे।
मशकूक नज़रों से
न देखो फ़िर मुझे
सिल सिला इम्तहानों का

यहीं पर ख़त्म हो जाए,
परिन्दे को
कुव्वते-परवाज़ मिलजाए
मुसाफ़िर भी
अपनी मंज़िल पा जाए।

रचना वर्ष : 2004 प्रकाशन वर्ष : 2008

शब्दार्थः

आग़ाज=प्रारंभ; परतौलना (मुहावरा है)=फुदकना;
परिन्दा= पक्षी; गिला=शिकायत; खेमा=तम्बू/टेंट;
दरमिया=मध्य;गिला- शिकवा=शिकायत;मशकूक=संदिग्ध;
निशां=निशान/चिन्ह; सिलसिला=तारतम्य; इम्तहान=परीक्षा;
कुव्वत=ताकत; परवाज़=उड़ान।

# 16. आज़ाद नज़मः बात करें

तिजारतें और भी हैं दुनियाँ में
क़त्लो-ग़ारत के सिवा
आओ सुलह व अम्न की बात करे।
दहशत का माहौल है हर सू
तशद्दुद ख़ूँरेज़ी हर जानिब
आओ खैरो आफ़ियत की बात करें।
चारों तरफ़ भड़की है नफरत की आग
ख़ूँ इंसाँ का सस्ता हुआ है
आओ प्यारो-वफ़ा की बात करें।
पेट है भूका तन नंगा है
सर पर बस आकाश का साया
आओ इंसाँ के सुख-दुख की बात करें।
कौन गिरह है जो सुलझ न पाए
उलझे खुद हम हैं उलझावे में
आओ हल मसायल की बात करें।

रचना वर्ष : 2007 प्रकाशन वर्ष : 2008


शब्दार्थः

तिजारत= व्यापार/धंधा; कत्लो-गारत=संहार; सिवा= अलावा; सुलह-अम्न= सर्वशान्ति; दहशत=आतंक; माहौल=वातावरण;सू-जानिब=ओर,तरफ; सिवा=अलावा; तशद्दुद=जोर-ज्यादती;खूँरेजी=रक्तपात; खैरो आफ़ियत- भलाई; खूँ=खून,रक्त; इंसाँ= इंसान,मनुष्य;प्यारो-वफा=भाईचारा; गिरह- गांठ; मसायल- समस्याऐं , मसला=समस्या।

# 17. आज़ाद नज़्मः जिन्दगी और मौत

ज़िन्दगी एक मुसाफ़त है,
मौत आखिरी आराम है।
जिन्दगी मुसलसल कोशिशों का नाम है,
मौत उन कोशिशों से
थककर सो जाने का नाम है।
मौत से जिन्दगी की दास्तां
ख़त्म नही होती,
एक नई दास्तान का आग़ाज होता है।
मौत से जिस्म मरता है,
रूह तो जावेद है।
मुकम्मल जिन्दगी के बाद
जीस्त की चाहत भी क्या
जो मरते है-
दर असल वे मरते नहीं,
कब्र उनकी आखिरी आराम गाह है,
उनकी अज़मत की शुआऐं
तारीक दुनियाँ को रौशन करती हैं
वे शबे-अफ़रोज़ हैं
उनकी ज़हानत से
फ़िजा मामूर होती है,

वे खुश्बू-ऐ-चमन हैं।
उनके बुलन्द किरदार से
क़ौम को नई राह मिलती है,
वे वतन के अमीरे-कारवाँ हैं।
मौत उनको आती है
जो रोज मरते है।
जिन्दगी अपनी है न मौत पर वश अपना है
जिन्दगी और मौत तो यज़दाँ के खेल है

रचना वर्ष : 1969 प्रकाशन वर्ष : 2008

शब्दार्थः

मुसाफ़त=यात्रा; मुसलसल=निरंतर;
दास्ताँ=कहानी;आग़ाज़=प्रारंभ; रूह=आत्मा; जावेद=अमर;
मुकम्मल=पूर्ण; जीस्त=ज़िन्दगी/जीवन;दरअसल=वास्तवमें;
अज़मत=श्रेष्ठता/महानता;
तारीक=अंधेरा; शवे अफरोज=चाँद का
प्रकाश;ज़हानत=बुद्धिमत्ता; किरदार=चरित्रा;
अमीरे-कारवाँ=क़ाफिले का सरदार,यज़दाँ=ईश्वर;
मामूर=सुवासित;
शुआ=किरन,रश्मि; बुलंद=ऊँचा !

# 18. आज़ाद नज़्मः जहाँ मिल जाए ज़िन्दगी

मेरे साथी चलो!
गर चल सको तुम ऐसी दुनियाँ में,
जहाँ मिल जाए ज़िन्दगी,
असली शक्ल में अपनी।
जहाँ दहक़ान खेतो में
पसीना अपना बहाकर
फ़सले उगाते हैं।
जहाँ मज़दूर मेहनत से
नहर और पुल बनाते हैं,
वे दिन भर कारखानों में
हमें सामाने-इशरत जुटाते हैं।
वतन पर जाँ फ़िदा करने जहाँ
माँ रवाना करती है
बेटे को,
ताज़ा दुल्हन विदा करती है शौहर को।
जहाँ दरिया किनारे
हीर-रांझा गीत गाते हैं।
जहाँ परबत से नहर निकालता कोहकन
आवाज़ देता है अपनी शीरीं को,
जहाँ सहरा की बालू पर आबला पा

क़ैस मजनूँ बना
सदा देता है अपनी लैला को!
जहाँ पेड़ों की झुरमुट से
निकलकर बांसुरी के बोल
पता देते हैं राधा को,
उसके मोहन का।
मेरे साथी चलो तुम
ऐसी दुनियाँ में,
जहाँ इंसाफ़ पलता है
जहाँ ईमान जिन्दा है,
जहां इंसान रहता है।

रचना वर्ष : 1967 प्रकाशन वर्ष : 2008

शब्दार्थः

दहकान=किसान; सामाने-इशरत=एश्वर्य के साधन;
दरिया=नदी; फ़िदा=उत्सर्ग; लख्ते-जिगर=हृदय का टुकड़ा,
कोहकनँ=फरहाद, सहरा=मरूस्थल; बालू=रेत; आबला
पा=छाले भरे पैर; सदा=आवाज़; जाँ=जान/प्राण;
इंसाफ=न्याय; नोट / हीर -राँझा,कोहकन (फरहाद)-
शीरी,क़ैस(मज़नूँ लैला),राधा-मोहन सभी प्रेमी युगल हैं।

# 19. आज़ाद नज़्मः मेरी वफ़ा का इम्तहान न लो

मेरे दोस्त
मेरी वफ़ा का इम्तहान न लो
बारहा आज़मा चुके हो
रहे-वफ़ा में लेकिन
फ़ितरतन वफ़ा पे मेरी
परदा डाला है।
शम्अ तो रौनके बज़्म है पर
उसके हुस्नों-नूर में
कितने परवानों का
लहू झलका है।
चलन अजब है
ज़माने का ए दोस्त
कल तक जो बैगाने थे
आज अपने हुए जाते है।
अपनों को बैगाना समझे हो
बेवफ़ा कहे जाते हो
लाख चिराग़ जलें वफ़ा के मगर
नफ़रत की आँधियों में
बुझ जाऐंगें।
वक्त बताएगा

मेरी दास्ताने वफ़ा

मैं ज़मीर फरोश नहीं हूँ

मेरे ज़मीर का इम्तहान न लो

मेरी वफ़ा का इम्तहान न लो ।

रचना वर्ष : 1957 प्रकाशन वर्ष : 2009

शब्दार्थः

वफ़ा=कृतज्ञता; बारहा=बार बार; आज़माना=परखना;
राह=रास्ता/मार्ग; रौनक=शोभा; फितरतन=जान बूझ कर;
हुस्न= सौन्दर्य; बज़्म=महफिल;
नूर=प्रकाश/चमक/आभा;
लहू=खून; बैगाने=अन्य,अजनवी,गैर;
वेवफ़ा=कृतघ्न; चिराग=दीप/दिया; नफ़रत=घृणा।

# 20. आज़ाद नज़्मः हटा लो ये अलबम

हटालो मिरे सामने से ये अलबम,
ये तसवीर मेरे वतन की नही है।
खड़ी सब्ज़ खेतों में फसले यहाँ थी
फ़लो से लदी डाली-डाली यहाँ थी,
गुलजार रहते थे गुलशन यहाँ के
धरती यहाँ की बंजर नही थी,
यहाँ भूख से लोग मरते नही थे।
गौतम के उपदेश गूँजे यहाँ थे
कभी जामे-वहदत छलकते यहाँ थे,
चिश्तियो नानक की धरती यही है
उसूलों पे जाँ लोग देते यहाँ थे,
मज़हब को बदनाम करते नही थे।
कभी ये शहीदों की धरती रही है
अज़ायम से उनके संवारी गई है,
उनके लहू से ही सीचीं गई है
फ़िज़ा फूट की आज फैली हुई है,
कभी गैर के आगे झुकते नही थे ।
अजब एक जोशे-जुनूँ था यहाँ
कफ़न सर से बाँधे था हर नौजवाँ,
लरज़ती थी दुनिया कभी हमसे भी

मुहाफ़िज वतन का था हर सूरमाँ,
वतन से जफ़ा लोग करते नही थे।

रचना वर्ष : 1968 प्रकाशन वर्ष : 2010

शब्दार्थ:

सब्ज़=हरा; गुलजार=खिले हुए फूल; गुलशन=बाग,
जाम=प्याला; वहदत =अध्यात्म;
चिश्ती=भारत के चिश्ती सूफी संत;
उसूलो=सिद्धान्तो;
अज़ायम(अज़्म)=संकल्प; लहू=खून; जोश=उत्साह;
जुनूँ=उन्माद; लरज़=कम्पन; मुहाफिज=रक्षक;
सूरमा=वीर/शूरवीर; जफ़ा=गद्दारी/द्रोह; गैर=अन्य/पराया।

# 21. आज़ाद नज़्मः निशब्द-सांध्य गीत

टीस!हृदय का दर्द
जब सीमा पार कर जाता है
नगर के कोलाहल से दूर
प्रकृति के शान्त वातावरण में
तालाब के किनारे
निर्जन शिला पर
आ बैठता हूँ।
मेरे सामने
शान्त निस्तब्ध जल
दूर तक फैला हुआ है
यदा-कदा छोटे-बड़े
बुल बुले पैदा होते हैं
विस्तृत होते हैं, फूट जाते हैं
अगम्य जल में
विलीन हो जाते हैं।
काश! हमारा अस्तित्व भी
उस अनन्त में विलीन हो जाए।
तालाब के पार
हरे भरे खेत,
क्षितिज तक फैले हैं।

उल्लास पल्लवित
लहलहाते खेतों में
करोड़ो मानवों की आस
निहित है।
किसान के मन में एक कसक है, पीड़ा है
सोचता हूँ काश! इस पीड़ा को अपने में समेट सकूँ।
संध्या की शान्ति भंग करते हुये
पशु चारागाहों से लौट रहे हैं।
चरवाहे दिन भरके थके क्लान
विश्राम करने
झोपड़ियों में लौट रहे हैं।
जीवन की कटुता का
निकट से अनुभव करके
वे निरीह हो गए हैं
यंत्रावत् जीवन बिताने के
आदी हो गए हैं।
पंक्ति बद्ध असंख्य पक्षी कलरव करते
वातावरण का मौन तोड़ते विश्राम की लालसा लिए
नीड़ो को लौट रहे हैं।
कालिमा सघन होते ही
पुजारी का शंख गूंज उठा,
अज़ान के बोल दिशाओं में फैल गए
सलीब पर मसीहा की आकृति
अंकित होने लगी।
मानव स्रष्टा के आगे झुक गया,
क्या उसने हृदय की खालिख़ धो डाली?
नहीं! रात्रि की कालिमा में

वह और काली होने लगी
दर्द!
असहनीय हो गया।
काश! हमें चिर विश्राम मिल जाए
हम अपने नीड़ों को लौट जाएँ।

रचना वर्ष : 1965 प्रकाशन वर्ष : 2010

शब्दार्थः

चारागाह=पशुओं के चरने का स्थान;
आदी=अभ्यस्त;
सलीब=क्रास, + आकार की लकड़ी की टिकटी/फाँसी देने
हेतु प्रयुक्त।

# 22. आज़ाद नज़्मः अब ये दौर भी खत्म होन चाहिए

बरसती आग है शहरों में

हुआ दुश्वार जीना है इस दौर के इंसान का

धमाके से बमों के गोलियों की गूंजों से

दहल उठता है दिल आज हर शहरी का

बड़ा बेकस हुआ है इंसान इस ज़माने का।

खुश नसीबी है शाम को गरमहफूज घर लौटे

वरना हालत आज उन परिन्दों जैसी है

घात में जिनके रहते हैं शिकारी

छेद देते हैं जिस्मों को आशियाने से पहले ही उड़ानों में ।

साजिशें कैसी रची जाती हैं दहशतों तशददुद और खूँरेजी की

सरगना दनदनाते घूमते हैं बेखौफ गुरगे पकड़े जाते हैं

मसायल हैं दुनिया में कि जिनका ये नतीजा है

पर हर मसायल का न ये जायज़ तरीका है

अना का बोझ शानों से उतारो रहनुमाओं

मिल बैठ कर हर मसअले का हल होना चाहिए

बहुत हो चुका अब ये दौर भी खत्म होना चाहिए।

रचना वर्ष : 2009 प्रकाशन वर्ष : 2011

## शब्दार्थः

दुश्वार=कठिन; दौर=ज़माना,समय; खुशनसीबी=अहोभाग्य; महफ़ूज़=सुरक्षित; परिन्दा=पक्षी; जिस्म=तन/शरीर; आशियाना=घोसला; साजिश=षडयंत्रा; खूँरोजी=रक्तपात; दहशत,तशद्दुद=आतंक; सरगना=मुखिया; बेखौफ=निडर; मसायल(मसअला)=समस्याऐं(समस्या); जायज़=उचित; अना=अहं; शाना=कंघा; रहनुमा=लीडर।

# 23. आज़ाद नज़्मः यादों की किताब

रूका है किसके रोके
वक्त का ये कारवाँ,
छोड़ता जाता है अपने
पीछे
यादों का सिससिला।
यादों को संजोया है
ज़हन में अपने,
मेरे तई कुछ भी नहीं
इनके मुक़ाबिल
क़ारूँ का ख़ज़ाना।
हर पुरानी याद के संग
जोड़ा है
नई यादों का नया बाब मैंने
इस तरह लिख डाली है
अपनी यादों की किताब।
वक्त अपने साथ एक दिन
ले जायगा मुझे भी,
याद मुझको तुम करोगे,
पढ़ के यादों की किताब।

रचना वर्ष : 2002 प्रकाशन वर्ष : 2011

शब्दार्थ:

ज़हन=स्मृति/ध्यान; तई=निकट; मुक़ाबिल=सामने;
क़ारूँ का ख़ज़ाना = क़ारूँ या क़ारून का धनकोष
नोट= क़ारूँ या क़ारून पौराणिक कुबेर जैसा धनपति था;
बाब=अध्याय।

# 24. आज़ाद नज़्मः दस्तूरे - दुनिया

गिला न शिकवा किसी से कोई,
ज़बाँ बन्द रखना ये दस्तूरे-दुनियाँ।
अजब संग-दिल हैं
अजब तंग-दिल हैं,
यहाँ प्यार दिल में किसी के नहीं है,
लोग रोते हैं रोते रहेंगे
यहाँ अश्क बहने की क़ीमत नहीं है।
बहारें यहाँ क़ैद हैं
फूल खिलते हैं खिलते रहेंगें
यहाँ फूल खिलने की कीमत नहीं हैं
ग़म तो मिलते है हर सू यहाँ,
तड़पने की ग़म से इजाज़त नहीं है।
ये दुनियाँ है,
दस्तूरे-दुनियाँ यही है।

रचना वर्ष : 1967 प्रकाशन वर्ष : 2011

शब्दार्थः

दस्तूरे-दुनिया=जग की रीति; गिला-शिकवा=शिकयत;
संग=पत्थर; अश्क=आंसू; बहार=बसन्त; गम=दुख; सू=ओर/
तरफ; इजाज़त=आज्ञा।

# 25. आज़ाद नज़्मः चाहिए बस एक हौसला

ज़ख्म दिल में लगते आए हैं लगते रहेंगे उम्रभर
वक़्त मरहम है भर देता है हर जख्म को
अंधेरा तो अबद से आखिर तक हम साया है इंसान का
डर भला कैसा फिर अंधेरे से ?
अंधेरे की भी अपनी हद है
खत्म होती है जहाँ इसकी सीमा
शुरू होती है वहीं से उजालों की सरहदें।
दुख कभी क्या बदरंग कर पाया है जिन्दगी इंसान की
उसी के बाद आती है सुख की मंजिलें
उदासी और मायूसी की बदली छंट जाएगी
सूरज खुशी का चमकेगा एक दिन।
चाहिए बस एक हौसला जिन्दगी से प्यार का
अभी तक तिसे बेनूर माना है
बड़ी पुरकशिश पूरनूर पाओगे जिन्दगी।

रचना वर्ष : 2009 प्रकाशन वर्ष : 2010

शब्दार्थः

ज़ख्म=घाव; अबद=प्रारंभ; हम साया=साथी; सरहद=सीमा;

बदरंग=धूमिल; उदासी=मायुसी,निराशा; हौसला= इच्छा शक्ति; जज़्बा=उमंग; बेनूर=प्रभाहीन; पुरकशिश=आकर्षक; पुरनूर=प्रभापूर्ण(मय)/प्रकाशमान।

# 26. आज़ाद नज़्मः कौन है वो पासबाँ

रिस रहा था ज़ख़्म मेरा
जब नासूर बनकर
कौन था ?
ज़ख़्म मेरे पोंछने को
झुक पड़ा।
मय कदे के मोड़ पर
डगमगाए जब क़दम
कौन था ? जिसने संभाला
और बुझा दी
मुद्दतों की तिश्नगी।
मुश्किलों से तंग आकर
जिन्दगी से
खेलने को जब हुआ
कौन था ? जिसने कहा
जिन्दगी जिन्दा दिली का नाम है।
रहनुमाई को
सदा तैयार जो
कौन है वह पासबाँ ।

रचना वर्ष : 1956 प्रकाशन वर्ष : 2010

शब्दार्थः

नासूर= रिसने वाला घाव; मयकदा=मधुशाला;
मुद्दत= लम्बी अवधि; तिश्नगी=प्यास/पिपासा;
रहनुमाई=पथ प्रदर्शन; पासबाँ=पासबान/हमदर्द/हितैषी।

# 27. आज़ाद नज़्मः नया गुलशन

सितारों की चमक धुंधलाई है
मिलता नहीं है रौशनी का निशाँ
कलियों की महक शरमाई है
गुलशन में कहाँ से
सहरा की हवा आई है।
जीत की खुशी हो या हार का हो ग़म
जंग की आग में
लाशों के ढेर जलते हैं
देखो कहाँ रूकेगा ज़िन्दगी का क़ाफिला
ज़मीं की गोद कहीं सूनी न हो जाए ?
कब तक औरों के गिनाएगे कुसूर,
और छिपायेंगे अपनी करतूत।
आओ उठें अभी इंकलाब लायें
तारीकियाँ मिटाऐं
नस्ले आदम कहीं पशेमां हो न जाए।
फ़िरदौस की हवाएं आतिश फ़िशां को ढाऐं
सहरा की गोद में गुलशन नया बनाऐ,
नग़मा सरा हो केई उल्फ़त के गीत गाए
आहों का सिलसिला तरानों में डूब जाए।

रचना वर्ष : 1974 प्रकाशन वर्ष : 2011

## शब्दार्थः

जंग=युद्व; कुसूर=दोष/अपराध; करतूत= कुआचरण;
इंकलाब=परिवर्तन; तारीकी=अंधेरा;
नस्ले-आदम=मानव जाति;
पशेमां=पशेमान/शर्मसार/लज़्जा से भरा हुआ;
फ़िरदौस=स्वर्ग; आतिश-फ़िशां=ज्वालामुखी;
नग़मासरा=गीत गायक; उल्फत= प्रेम;
आंह= दुख से भरी सिसकी;
सिलसिला=क्रम/तारतम्य; तराना=गीत।

# 28. आज़ाद नज़्मः अकीदत के फूल

खुशनुमा माहौल था न शोर बरपा था कहीं

सुकूँ तारी था हर सू

यक ब यक चीखों से फ़िज़ा गुँज उठी

आहो ज़ारी, सिसकियाँ हर जानिब।

वो तो दरिन्दे थे दे गए ज़ख्म इनको

ये कौन हैं ?

लाशों पा सियासत करने वाले

दरिन्दे तो दरिन्दे हैं मर चुका है ज़मीर इनका भी।

है मसीहा कोई जो बाँटे दर्द इनका

रख दे ज़ख्मों पर मरहम इनके

न गीत, न ग़ज़ल, न नज़्म कोई लाया हूँ

अल्फ़ाज़ मफ़लूज़ हैं

ज़हन में छाया सन्नाटा है

बन्द लब लिए आया हूँ।

न माली हूँ न गुलची हूँ न मालिक हूँ गुलशन का

राह में दिखे कुछ जंगली फूल

इन बेकफ़न लाशों पर चढाने के लिए

फूल अक़ीदत के वो ही चुन लाया हूँ।

रचना वर्ष : 2008 प्रकाशन वर्ष : 2011

## शब्दार्थः

खुशनुमा=आनंददायी; माहौल=वातावरण; शोर=हल्ला-गुल्ला; बरपा=फैला/व्याप्त; सुकूँ=सुकून/शान्ति; तारी=छाना; फिज़ा=वातावरण; सू-जानिब=ओर/तरफ/दिशा; आहो-ज़ारी=चीत्कार/क्रन्दन; दरिन्दा=हिंसक/पशु; सियासत=राजनीति; ज़मीर=आत्मा; मसीहा=दर्द हरने वाला; अलफाज़(लफ्ज़)=शब्द; मफ़लूज=सुन्न; ज़हन=बुद्दिव; लब=होंट; गुलची=फूल चुनने वाला; गुलशन=पुष्प वाटिका; वेक़फ़न=बिना कफ़न के; अकीदत=श्रद्वा।

# 29. आज़ाद नज़्मः रोप दो प्यार के पौदे

बोए बीज नफ़रत के हैं शजर ज़हरीले ही उगेंगे
बहारे गुज़र जाएंगी ऊपर से
खुश्बू ए गुल को तरसोगे
सिवा बदबू के कुछ भी न पाओगे
साँस लेना हो जाएगा मुश्किल
घुटन में जी पाओगे न मर ही पाओगे।
अभी भी वक़्त है रोप दो प्यार के पौदे
बहारें लौट आएंगी गुल खिल उठेंगे
प्यार की खुश्बू से महक उठेगा चमन सारा
खुशनुमा माहौल में
सुकूँ से जी सकोगे, मर सकोगे चैन से।

रचना वर्ष : 2009 प्रकाशन वर्ष : 2011


शब्दार्थः


नफ़रत=घृणा; शजर=पेड़; बहार=बसन्त;
खुश्बू ए गुल=फूल की सुगंध; बदबू=दुर्गन्ध;
पौदा=पौधा; चमन=बगीचा/वाटिका।

# 30. आज़ाद नज़्मः सदा-ए-खंडहर

पुर सुकून दुनिया सोती है,
हवा खामोश हो जाती है,
एक बर्ग भी डुलता नहीं जब
मौत का सन्नाटा छा जाता है,
रात तारीकी में डूब जाती है।
यक-ब-यक मेरी नज़रें
जानिवे-वीरान उठती हैं।
सुकूते-शब में, मद्धिम सुरों में-
ग़मगीन सदा आती है।
ये आवाज़ इंसानी नहीं
जो फिज़ा में तैर जाती है
खन्डहर से सिसकियाँ उठती हैं,
दास्तान कहती हैं-
माज़ी में ग़र्क ज़माने की ।
रौनक़ थी यहाँ, बहार आती थी,
नसीमें-सुबह!
हर फ़र्द को दुलराती थी।
साज़ बजते थे यहाँ
पायल भी खनकती थी, जाम छलकते थे
बज़्म जमती थी,

जिन्दगी खुशियाँ बिखेरती थी।
धड़कते दिल!
मचलते थे, एक होते थे,
चाँदनी खुशियाँ लुटाती थी।
तारीख़ से नावाक़िफ़

इसे जन्नत समझ बैठे।
हालात ज़माने को बदल देते हैं,
तारीख़ अपने आप को दुहराती हैं,
हालात ने जो करवट बदली,
तारीख़ ने जो अँगड़ाई ली,
यह महल ढह गया,
खन्डहर उठे, वीरानी छाई
जैसे किसी के हंसी ख़्वाब बिखर जाते हैं,
जज़्बात सिसकते हैं,।
अरमान मसल जाते हैं।
ये सुनसान कमरे!
ये टूटे कंगूरे!
ये उजड़े सहन!
ये मलबे के ढेर!
निशाँ बन चुके हैं-
छिपा कर ज़माने का राज़।
सुनसान रातों में जब-तब
सदा एक आती है ग़मगीन तर
भटकती हैं रूहें यहां आज भी।

रचना वर्ष : 1967 प्रकाशन वर्ष : 2012

## शब्दार्थ:

सदा=पुकार; पुरसुकून=शान्ति पूर्वक; बर्ग=पत्ता;
तारीकी=अंधेरा; जानिबे-वीरान=उजाड़ की ओर;
सुकूत=निस्तब्ध; शब=रात; फ़िजा=वातावरण;
दास्तान=कहानी; माज़ी=भूतकाल; ग़र्क़=डूबा; ज़माना=युग;
बहार=बसन्त; रौनक=शोभा; नसीमे-सुब्ह=प्रातःकालीन
शीतल मंद सुगंध समीर; फ़र्द=व्यक्ति; साज़=वाघ;
बज्म=महफिल/सभा; तारीख=इतिहास; नवाकिफ=अनभिज्ञ;
जन्नत=स्वर्ग; हालात=स्थितियाँ; जज़्बात=भावनाऐं;
अरमान=लालसा/इच्छा; सहन=आंगन; मलबे=मलबा;
निशां=निशान/चिन्ह; राज़=भेद/रहस्य;
रूहें(रूह)=आत्माऐं(आत्मा)।

# 31. आज़ाद नज़्मः आवाज़ एक होती है

तारीकी में डूबी रात,

सुकूत से बोझल फ़िज़ा,

खामोश रह-गुज़र,

उदास उदास से मकाँ।

किसी सिम्त कोई गीत गाता है,

साज़ बजता है न राग उभरता है,

दिल सोज़ आवाज़

जिगर को चीर देती है,

बोल समझ में नहीं आते

पर मतलब रखते हैं,

ज़िन्दगी की तरजुमानी करते हैं,

ग़म में डूवे हुए इंसाँ को

मंज़िल का पता देते हैं।

बेकसो-मज़लूम की ज़बां

मुख्तलिफ हो सकती है

ग़मो दर्द की आवाज़ मगर एक होती है।

रचना वर्ष : 1971 प्रकाशन वर्ष : 2012

शब्दार्थः

तारीकी=अंधेरा; सुकूत=निस्तब्धता/खामोशी;रहगुज़र=गली;
मकां=मकान/घर;सिम्त=ओर/दिशा; साज़=वाघ;
दिलसोज़=हृदय विदारक;
जिगर=हृदय(साहित्य में हृदय के लिए प्रयुक्त शरीर
रचना के अनुसार यकृत/लिवर);
तरजुमानी=व्याख्या; इंसा=इंसान/मनुष्य;
बेकस=लाचार/मजबूर; मज़लूम=प्रताडित; जबां=जबान/जीभ;
भाषा=बोली; ग़म=दुख; दर्द=पीड़ा; मुख़्तलिफ़=अलग/भिन्न।

# 32. आज़ाद नज़्मः क्या होगा ?

चमकती हुई शमशीर में,
उलझी है दुनियाँ,
हर बूंद लहू से
उठती है अनलहक़ की सदा
मंज़िल वही है
वही रह गुज़र
पर संगे-निशान बदल गए,
अब अंदाजे-रहबरी क्या होगा?
निज़ामें-कुहन के मुजावरों,
बेदारि-ए-जम्हूर का
संगे- मंज़िल कहाँ होगा?
माना ज़मीन सोना उगंलती है,
किसी कोने में इसके
आग भी पिन्हा है,
अगर ये सान्हा गुज़रा
बज़्में-जिन्दगी की दास्तॉ का
अंजाम क्या होगा?
अहले चमन खुश हैं
बहारे-चमन में आज
दौरे-ख़िजा में

चमन का हाल क्या होगा?
कौसे-कुज़ह से बहलने वालो
चर्ख ने जो तीरे-सितम छोड़ा
इंसानियत का क्या होगा?

रचना वर्ष : 1973 प्रकाशन वर्ष : 2012(2014)

शब्दार्थः

शमशीर=तलवार; लहू=रक्त/खून; अनलहक़=अहम ब्रह्मास्मि; सदा=आवाज; रहगुज़र=गली; संगे-निशान=मील के पत्थर; अंदाजे-रहबरी=मार्ग दर्शन का ढंग; निज़ामें-कुहन=पुरातन व्यवस्था; मुजावर=सेवादार; बेदारी=जागरण; जम्हूर=लोकतंत्रा; संग=पत्थर; मंजिल=गनतव्य; पिन्हा=छिपा; सान्हा=दुर्घटना; बज़्म=महफिल; दास्तान=कहानी; अंजाम=नतीजा/परिणाम/फल; अहले-चमन=चमन के लोग/निवासी; बहार=बसन्त; दौर=काल/समय; खिज़ा=पतझर;कौसे-कुज़ह=इन्द्रधनुष;चर्ख=आसमान/आकाश; सितम=अत्याचार/प्रताड़ना; इंसानियत=मानवता।

# 33. आज़ाद नज़्मः मुन्तज़िर होता नहीं ज़िन्दगी का काफ़िला

मत रोक अब

बढ़ चुका है कारवाँ आगे बहुत

हम सफर सब

दूर होते जा रहे हैं।

रंगीनियों ने थामे कदम

वर्ना मैं भी काफिले के साथ होता

मुन्तजिर होता नहीं

कारवाने-जिन्दगी।

क्या करूं ?

कैसे मैं पहुंचू ?

पर मुझे अब गम नहीं है

शाम होने में अभी कुछ देर है

काफिले के कूच में भी देर है

मैं भी अब होश में हूं।

पा ही लूगां काफिला

उफुक के आस पास

मुन्तजिर होता नही है

जिन्दगी का क़ाफिला।

रचना वर्ष : 1960 प्रकाशन वर्ष : 2013

शब्दार्थः

कारवाँ-काफ़िला=व्यापारियों व यात्रियों का
पैदल यात्रा जत्था; हमसफर=सहयात्रा;
रंगीनियाँ=सांसारिक वैभव,सुख विलास;
कूच=रवानगी; मुंतज़िर=इंतज़ार में/प्रतीक्षारत;
उफुक- क्षितिज।

# 34. आज़ाद नज़्मः वादि-ए-कोह फूलों से भर जाएगी

दोशीज़ा-ए-कुदरत की आँखों से
टपके आँसू,
शबनम के क़तरे
मोती बने कोह पर बिखरे।
माज़ी में भी देखा,
मुस्तक़बिल में भी झाँका,
पाना जिसे चाहा क्या उसे पाया?
मिलता भला वो क्यों कर
था ही वो कहां पर?
एक छलावा था
मिलना था न पाना था।
वो झूंठी हँसी थी
जो तुमने सुनी थी,
आहों को हंसी में
मैने छिपाया था।
गीत सुनाए थे
तुमको कभी मैने,
नग़मों के तरन्नुम में
दर्द छिपाया था।

कोह से गुहर उठाने वालों,
रख आओं वहीं जाकर,
दोशीज़ा-ए-कुदरत
खुश हो जाएगी
उभरेगा तबस्सुम होटो पर उसके
वादि-ए-कोह फूलों से भर जाएगी।
फूलों की खुशबू देगी खुशी सब को
सच्ची हंसी मिल पाएगी,
ज़माने को भी मुझकों भी,
गीतों को मेरे मिल जायगी
रवानी फिर से।

रचना वर्ष :1999 प्रकाशन वर्ष :2013

## शब्दार्थः

वादी-ए-कोह=पर्वत घाटी; वादी=घाटी; कोह=पर्वत; दोशीज़ा-
ए-कुदरत=प्रकृतिसुता; दोशीजा=बेटी/सुता; कुदरत=प्रकृति;
शबनम=ओस; कतरा=बूंद; माज़ी=भूतकाल;
मुस्तक़बिल=भविष्य काल; गुहू=मोती;नग़मा=गीत;
तरन्नुम=सस्वर गायन; दर्द=पीड़ा; तबस्सुम=स्मित/होंटों
तक सीमित मंद मधुर मुस्कान; रवानी=प्रवाह/गति/लय;
तबस्सुम=स्मित (मुस्कान) !

# 35. आज़ाद नज़्मः ये निज़ाम भी बदल जायगा

तारीख के औराक़
शाहिद हैं
सुकूनो-मसर्रत के लिए
कोशाँ रहे हम
हर बार अपनी गलती से
नाक़ाम रहे लेकिन।
मज़बूत इरादे थे
पाक अज़ायम थे
पर अहम बाज़िया
हार गए हम।
सच्ची आज़ादी कब
मिल पाएगी
उफ़क़ से राअनाई कब फैलेगी
दुनियाँ में
आदम का बेटा
जामे-कौसर कब पी पाएगा
प्यास बुझेगी कब सदियों की
ज़हनी आज़ादी वो कब पाएगा
तलवार की ताकत कब झुक पाएगी
सरमाया कब शरमाएगा

अमन के रस्ते कब चल पाएगा
इंसाँ अपने हक़ कब पाएगा ?
हर चीज़ फ़ना होती है
ये दिन भी गुजर जाएंगे
ये निज़ाम भी बदल जाएगा
ऑखों से अश्क बहेंगे
न चेहरा कोई कुम्हलाएगा
खुशियों का समंदर मौजें लेगा
दुख दर्द की बदली छँट जायेगी
तूफाँ में सफीनो को
साहिल मिल जाएगा।

रचना वर्ष :1958 प्रकाशन वर्ष : 2013

शब्दार्थः

शाहिद=गवाह; तारीख़=इतिहास;औराक=पन्ने; मसर्रत=खुशी;
कोशां=प्रयासरत; नाकाम=असफल; इरादा=संकल्प;
पाक=पवित्रा; अज़ायम(अज़्म)=संकल्प; अहम=महत्तवपूर्ण;
उफ़क=क्षितिज; राअनाई=चमक;सरमाया=पूँजी(वाद); जामे
कौसर=अमृत का प्याला; ज़हनी=बौद्धिक; फना=नष्ट;
निज़ाम=व्यवस्था; अश्क=आँसू; सफ़ीना=किश्ती/
नाव;साहिल=किनारा।

# 36. आज़ाद नज़्मः हम राह मुझको ले चल

हम राह मुझको ले चल
ए मेरे हम सफ़र तू
रंगीनियों से दिल
घबरा रहा है मेरा।
आज़ाद गर्चे तन है
दिल पर है बोझ लेकिन
साथ राहज़न है
रहनुमा की शक्ल में।
आज़ाद गो कि बानी
पाबंद-ए-ज़िहानत
मकरों-फ़रेब छाया
चारों तरफ़ जहाँ में
बहरे-जहाँ की गरदिश
हर मौज है सियासत।
चारों तरफ़ लगे है
हसरतों के मेले
मासूमियत के सौदे
मायूसियों के बदले।
हाथों से पेट थामें
सर को झुकाए नीचे

वे गालियाँ है सुनते
इस भूख के ही बदले
अस्मत भी बिक रही है।
क़ाग़ज के चन्द टुकड़े
आबे-हयात बनकर
जिन्दगी नई दुनिया को दे रहे हैं
इज़्ज़त के मोल लेकिन।
सीने में एक जलन है शोला भभक रहा है
मजबूर हो के इंसां हैवानो से दब रहा है
इंसान की मुहब्बत दुनियाँ से उठ चुकी है
नासूर बन चुका है दिल का ये ज़ख्म अब तो
रिसता रहेगा शायद क़ायम जहाँ है जब तक।

रचना वर्ष : 1960 प्रकाशन वर्ष : 2014

शब्दार्थः

हमराह=साथ; हमसफ़र=सहयात्रा; सफ़र=यात्रा;
रंगीनियाँ=वासना/मौज मस्ती; गरचे=यघपि;
राहजन=बटमार; रहनुमाँ(राहनुमा)=पथ प्रदर्शक;
गोकि=यघपि; बानी=वाणी; पावंद-ए-ज़िहानत=बौद्धिक
बंधन; मकरो-फरेब=छल कपट; जहाँ(जहान)=संसार; बहरे-
जहाँ=संसार सागर; सियासत=राजनीति; हसरत=लालसा;
मासूम=सीधा/अबोध/अज्ञान; मासूमियत=भोलापन;
मायूस=निराश; मायूसी=निराशा; अस्मत=नारित्व/स्त्रा की
पवित्रता-इज्ज़त-आबरू आबे हयात=अमृत; हैवान=हिंस्र पशु;
नासूर=सदैव रिसने वाला जख्म(घाव); कायम=स्थित।

# 37. आज़ाद नज़्मः गुलो-इंसान

गुल से रौनक है शाख़ की
महक रहीं है फ़िज़ा
निकहते-गुल से चमन की
नज़ारा कितना हसीन है
कितना दिलकश मंज़र है,
काश! बनी रहे सदा
आबरू इस गुल की।
कुदरत ने खूबसूरती दी
महक इसे बख़्शी,
ख़ाक में मिल जायेगी पर
आबरू इस गुल की।
मेरे हमदम!
मेरे हमराज़।
क़ब्र मेरी पर बिखेर देना
पंखुरियाँ इस गुल की।

रचना वर्ष : 1967 प्रकाशन वर्ष : 2015

शब्दार्थः

गुल=फूल; रौनक=शोभा; शाख=डाल/टहनी;
महक=सुवास; फ़िज़ा=वातावरण; निकहत=सुगंध/सौरभ;
चमन=वाटिका; आबरू=आभा/प्रभा; क़ुदरत=प्रकृति;
खाक़=धूल/मिट्टी; बख्शी=प्रदान की;
हमदम-हमराज़=घनिष्ठ मित्रा; पंखुरियाँ=पंखुड़ियाँ।

# 38. आज़ाद नज़्मः इंकलाब

ज़मीं पर लहलहाती बालियाँ
किसानों के पसीने की कमाई,
खेतों के पुजारी
मोहताज दाने दाने को।
जिनके फ़न की
दुनियाँ ने तारीफ की,
उनकी पीढ़ियाँ
पीढ़ियाँ के वही दस्तों-बाजू,
कलाइयां में
वहीं पंज-ए-रंगीं,
वहीं नर्म ओ नाज़ुक उंगलियाँ,
ताज ओ अजन्ता के मूजिद
झांपड़ी भी जिन्हें
नसीब में नहीं आज।
मिलों के पासबाँ मजदूर
घूमते नंगे बदन मजबूर,
हर कुदाली कोह के
सीने के पार
हर जवां फ़रहाद
मजबूर शीरी हो रही ,
मज़लूम इंसाँ
अब न ठोकर खायेगा,

इंक़लाब आएगा
सरमाया सरनिगूँ हो जाएगा।

रचना वर्ष : 1964 प्रकाशन वर्ष : 2015

## शब्दार्थः

मोहताज=अभावग्रस्त/दूसरों पर निर्भर; फ़न=कला;दस्तो-
बाजू=हाथ और बाँहें;
पंजा-ए-रंगी=कलात्मक हथेली;मूजिद=निर्माता;नर्म ओ
नाजुक=कोमल; नसीब=भाग्य,
पासवाँ=रक्षक;कोह=पर्वत;जवां=जवान/
युवा;मज़लूम=पीड़ित;इंक़लाब=परिवर्तन (क्रान्ति सूचक);
सरमाया= पूंजी;सरनिगूँ=नतमस्तक।

# 39. आज़ाद नज़्मः मंजिल की आवाज़

पुरनम आँखें बयाँ करती हैं

दर्द निहां तुम्हारा

ज़र्द चेहरा

उम्मीदो-यास की कहता

कहानी है।

सर्द आहो में छिपा ग़म

खुद बोलता है

वहम पाला है

नहीं बाकी रहा कुछ अब।

वही है हौसले

वही वलवले है

वही पहली सी जौलानी

अभी वोही जज्बा पोशीदा सीने में है

वही फौलादी ताकत बाजुओं में है तुम्हारे।

चिरागो पर नही है हक

सिर्फ महलो का

रौशनी की मुस्तहक झोपड़ी भी है

फूलो की महक यकसाँ होती है

गुलशन में वीरानो में

उठो मंजिल तुम्हें

आवाज देती है
मंजिल की तलब जिनको थी
पा गए मंजिलें अपनी
जो बैठे रह गए
मुकद्दर सो गया उनका।

रचना वर्ष : 1984 प्रकाशन वर्ष : 2015

शब्दार्थ:

पुरनम=भीगी; बयां=बयान/बताना; दर्दे निहाँ=छिपी हुई
पीड़ा;
जर्द चेहरा=पीला मुरझाया मुखड़ा; उम्मीदो-यास=आशा-
निराशा; सर्द-आहों=ठंडी सांसे; गम=दुख; वहम=भ्रम;
हौसला=भरोसा; वलवले=उत्साह; जौलानी=उत्साह;
जज्बा=भाव/भावना; पोशीदा=छिपा/सुरक्षित;
मुस्तहक=अधिकारी;यकसॉ=एक सी बराबर
तलब=चाह; मुकद्दर-भाग्य।

# 40. आज़ाद नज़्मः माँ

खुदा करता बहुत प्यार है बन्दों से अपने
खुदा के प्यार की झलक माँ के प्यार में दिखती है
माँ के सीने में शीर बन कर बहता खुदा का प्यार है
बखशी है जिसने इब्ने - आदम को ये ज़िन्दगानी
खुदा का नायाब तोहफ़ा है माँ सारे आलम को।
माँ से दूरियाँ खुदा से दूर करती हैं
माँ के जितना पास होगे
बढ़ेंगी खुदा से कुरबतें उतनी
माँ वो एहसास है पूरा जिसे समझा जा सकता नहीं
थाह पाना उसके प्यार की मुमकिन नहीं
समन्दर से भी गहरा माँ का प्यार होता है
आसमाँ से बुलन्द है अज़मते - किरदार माँ का
एक माँ लफ़्ज में सिमट आती है सारी कायनात
तालीम से अपनी करती है बच्चे का कल्बो-जहन पाक
इल्मो-अदब तहजीब का मरकज़ होती है माँ।
बददुआ देती नहीं बच्चे को कभी
वाहिद शख्सियत माँ ही है जहान में
दुआ माँ की बला हर टाल देती है
कामरानी इस जहाँ में उक़वा में अमाँ पा जाता है
क़दमों तले ही माँ के जन्नत है
लाजवाब है लासानी है माँ ।

रचना वर्ष : 2001 प्रकाशन वर्ष : 2015

शब्दार्थ:

मखलूक=श्रृष्टि; शीर=क्षीर/दूध, बखशना=प्रदान करना;बनी आदम=मानव जाति; नायाब=अनुपम; तोहफा=उपहार/भेंट; आलम,जहाँ,जहांन=संसार; कुरबत=निकटता; बला=आफत; कदम=पैर; कामरानी=सफलता; उकबा=मृत्यू के बाद का संसार; अमां=अमान/शान्ति; जन्नत = स्वर्ग एहसास =अनुभूति; मुमकिन = संभव; समन्दर = समुद्र; आसमां = आसमान; लासानी =अनुपम।

# 41. आज़ाद नज़्मः बेगाने

छोड़ो दैरो-हरम के झगड़े
मंज़िल हैं अपनी मयखाने
शेखो-बिरहमन को होश नहीं,
उलझे हैं दीवानों से।
इस बस्ती में मस्ती है
ये बस्ती है रिन्दों की,
हर सू हैं यहाँ इश्कों-मुहब्बत के अफ़साने।
उस शहर का रूख़ मत करना,
हर चीज़ वहाँ मिलती है,
न पाओगे पर इंसानों को।
उसे शहर कहते हो,
उससे अच्छे तो वीराने हैं
वहाँ न पाओगे कोई अपना,
सब बेगाने हैं- बेगाने।

रचना वर्ष : 2002 प्रकाशन वर्ष : 2015

शब्दार्थः

बेगाने=उदासीन,स्वार्थी अनजान लोग;
दैरो हरम=मंदिर मस्जिद;
मयखाना=मधुशाला; दीवाना=पागल; रिन्द=शराबी;

सू=ओर/तरफ;इश्को मुहब्बत=प्रेम;
अफ़साना=कहानी; वीराना=निर्जन।

# 42. आज़ाद नज़मः खुदा को गर दोस्त रखोगे

बड़े नादान हो

आशियाँ अपना बनाया उस

शाख़ पर

सह न पाएगी हलका झोंका हवा का।

तलाशा साया किस शजर का

मौसमे गुल में भी हिफ़ाज़त कर सका न पत्तियों की

बड़े मासूम हो अंधो से पूछते हो मंज़िल का पता

यहाँ हम्माम में नंगे सभी हैं

पर मज़ा ये

कि हर नंगा

कहता सामने वाले को नंगा है।

अम्नो अमां की बात करने आता है शख्स कोई

दहल उठता है दिल

बाँह में छिपा खंजर न हो।

मुश्किलों-परेशानी का साया

घेर ले जब कभी

वो आएगा मदद को

खुदा को गर दोस्त रखोगे।

रचना वर्ष : 2002 प्रकाशन वर्ष : 2015

## शब्दार्थः

आशियाँ=घोसला; नादान मासूम=अबोध; शाख=डाली;
शजर=पेड;मौसमे-गुल=बसंत ऋतु;
ज़ालिमो क़ातिल= हत्यारा; मीरे-कारवाँ=काफिले का सरदार;
बेकस=लाचार; मज़लूम=पीड़ित; लहू=खून/रक्त;
हम्माम=स्नानागार; शख्स=व्यक्ति; अम्नो अमां= शान्ति;
खंजर=छुरा;
मुश्किल परेंशानी=कठिनाई।

# 43. आज़ाद नज़्मः मानव हूँ

मानव हूँ मैं भगवान नहीं
अतल में छिपी हैं मेरे
अनेक बुराईयाँ
पड़ी वहीं हैं
कुछ अच्छाईयाँ।
बुरा समझ कर
मत भागो मुझसे दूर
पास आओ मेरे और निकट
झाँकों अन्दर मेरे।
मत देखो वहाँ पड़ी बुराईयाँ
चुनलो बस अच्छाई एक
करलो समृद्ध
अपनी अच्छाईयाँ।

रचना वर्ष : 2005 प्रकाशन वर्ष : 2015

# 44. आज़ाद नज़्म : तालीम एक अज़ीम मिशन

फरमाने रब से जुदा जारी किया है नया फरमान

बच्चियों को तालीम से कर दिया है महरूम

मुहाफिज़ दीन का कहते हो खुद को

इल्म की रौशनी में ही दीन आलमगीर हुआ

बच्चियाँ तालीम न लें इल्म न सीखें

जला दिए ढहा दिए कितने मदारिस उनके

वो स्कूल न जाऐं घर की अंधेरी घुटन में जीती रहें मरती रहें

इल्म से महरूम ये बच्चियाँ कल को माऐं बनेंगी

अपने बच्चों को क्या तालीम देंगी

माँ ही तो पहला मकतब होती है बच्चे की

इल्म से माऐं ही करती है बच्चों का रौशन ज़मीर

कौम राह भटक जाएगी पीढ़ियाँ हो जाऐंगी बरबाद।

एक नातवाँ लड़की नाम मलाला

उठ खड़ी हुई इस फरमान के खिलाफ

डर गए बुज़दिल निकले दाग़ दी सर पर उसके गोली

उसके इरादे थे मज़बूत नेक था अज़्म उसका

वो बच्चियों को तालीम दिलाने इल्म सिखाने निकली थी

उसने मौत को मात दे दी और हो गई तुम्हारी शिकस्त भी

सितम कितना भी ढालो उज़ाले मिट सकेंगे न इल्म की
रौशनी के आज मलाला नाम है
एक इंकलाब का एक मिशन का एक तहरीक का
उसका मिशन है दुनिया के कोने कोने को इल्म से रौशन
करना
हर पसमान्दा तबके को तालीम दिलाना।
हम भी इस मिशन में शामिल हो तहरीक को आम करें
एक दिन नई सुब्ह होगी नया सूरज चमकेगा
इल्म की ज़िया से जिहालत का अंधेरा न रहेगा
तशददुद रहेगा न दहशतगरदी होगी खूंरेजी होगी खत्म
अम्नो इंसाफ के रस्ते पर इंसान चलेगा
जिहालत बाकी रहेगी न जाहिलों का वुजूद।

रचना वर्ष : 2014 वर्ष : 2015

शब्दार्थः

तालीम=शिक्षा; अज़ीम=महान; फरमान=आज्ञापत्रा;
रब=ईश्वर; जुदा=अलग/भिन्न; महरूम=वंचित;
मुहाफिज=रक्षक;
दीन=धर्म; आलमगीर=विश्वव्यापी; मदारिस(मदरसा)=स्कूल;
मकतब=पाठशाला; ज़मीर=दिल-दिमाग,मन,अन्तःकरण;
क़ौम=समाज; नातवाँ=कमज़ोर,दुर्बल; बुज़दिल=डरपोक;
नेक=पवित्रा; अज़्म=दृढ़ संकल्प; शिकस्त=हार,मात;
सितम=अत्याचार; उजाला=प्रकाश;
इंकलाब=परिवर्तन(क्रान्ति सूचक); तहरीक=आन्दोलन;
सुब्ह=सुबह,भोर; ज़िया=प्रकाश; जिहालत=उजड्डता,गँवारपन;

तशद्दुद दहशत=आतंक; अम्नो इंसाफ=शान्ति और न्याय;
जाहिल=उजड्ड,गँवार;
इल्म=विघा,ज्ञान; वुजूद=अस्तित्व; आम=सर्वव्यापी;
पसमांदा=पिछड़ा,अविकासशील; तबका=वर्ग,समुदाय।

# 45. आज़ाद नज़्मः दुआ

झेल पाया न आँधियों तूफान को
जंगल का बूढ़ा शज़र
जड़ों से अपनी उखड़ कर धरती पर गिरा
चीखा न चिल्लाया न आवाज़ की
गिरते गिरते रब से दुआ बस एक की
मेरी शाखों में परिन्दे जो डाले थे डेरा
उन बेचारों को देना मेरे मौला
जल्द नया अच्छा बसेरा

रचना वर्ष : 2016 प्रकाशन वर्ष : 2017

शब्दार्थः

शज़र =पेड; रब =ईश्वर; शाख=डाल; परिन्दा= पक्षी; मौला= मालिक खुदा ईश्वर

# गज़लियात

# 46. ग़ज़लः अब माँग लूँ शराब

अब मांग लूँ शराब तिरा क्या ख़्याल है,
रहमत है बेहिसाब तिरा क्या ख़्याल है।

नक़्शा बदल चुका है निज़ामे-हयात का,
अब दौरे-इंक़लाब तिरा क्या ख़्याल है।

नर्म उंगलियों के लम्स का अंदाज़ा है तुझे,
उनके लिये रबाब तिरा क्या ख़्याल है।

सूए-हरम बुलाते हैं मुझको जनाबे-शेख़,
ए सागरे-शराब तिरा क्या ख़्याल है।

'महबूब' आ रहा है उजाला हयात में,
ए अक्से-माहताब तेरा क्या ख़्याल है।

रचना वर्ष : 1962 प्रकाशन वर्ष : 2003-08-09

शब्दार्थः

तिरा=तेरा,तुम्हारा,आपका; रहमत=ईश्वर की दया;
बे हिसाब=अपार,असीमित; निज़ामे-हयात=जीवन शैली;
निज़ाम=प्रबन्ध,व्यवस्था; हयात=जीवन; दौर=युग,काल;
इंकलाब=परिवर्तन(परिवर्तन काल); लम्स=स्पर्श;
अंदाज=अनुमान; सू=ओर,तरफ; हरम=मक्का स्थित काबा

का पवित्रा स्थल;
सागरे शराब=मदिरा पात्रा; अक़्स=आमा; माहताब=चाँद(चाँद की आभा)।

# 47. ग़ज़लः तिरी महफिल से

तिरी महफ़िल से बज़्में-कहकशां में जा नहीं सकते,
सितारे आसमाँ के भी ज़मीं पै आ नहीं सकते।
अदब मानेअ है वरना हम भी कुछ कहते सरे-महफ़िल
ज़बाँ पै कम-निगाही का भी शिकवा ला नहीं सकते।
ज़बाँ बन्दी का ये क़ानून ए ज़ालिम निराला है,
हम अपने बर बते-दिल पै भी गाना गा नहीं सकते।
बताऐं किसी से क्या अपनी मज़बूरी वफ़ाचारी,
तजुस्सुस कर नहीं सकते तुझे हम पा नहीं सकते।
कहीं अश्कों से खुल जाए न, ये दर्दे-दिल पिन्हाँ,
हम अपनी आंख में 'महबूब' आसूँ ला नहीं सकते।

रचना वर्ष : 1962 प्रकाशन वर्ष : 2003-07

शब्दार्थः

महफ़िल/बज़्म=सभा; कहकशां=आकाश गंगा;
अदब=शिष्टाचार,साहित्य; मानेअ=रोके हुए; सरे
महफ़िल=भरी सभा;
ज़बाँ=जुबान,जीभ; कम-निगाही=उपेक्षा; शिकवा=शिकायत;

जबाँ बंदी=जबान बन्दकर देना,मौन कर देना,बोलने न
देना;
बरवंत=एक वाघ(साज़)का नाम; बरबते-दिल=दिल रूपी
साज़; तजुस्सुस=खोज(प्रयास) ; अश्क=आँसू/अश्रू;
पिन्हा=छिपा।

# 48. ग़ज़लः चोट पर चोट

चोट पर चोट तो खाले मगर आवाज़ न दे,
राज़ पूछे कोई दिल का तो उसे राज़ न दे।
मौत से कह दो कि ठहरी रहे दर पर मेरे,
सो रहा हूँ मुझे अब कोई भी आवाज़ न दे ।
बेखुदी का है ये आलम कि नहीं होश मुझे,
ए मुग़नी मेरे हाथों में तू अब साज़ न दे।
दिल में पोशीदा रहे राज़े-मुहब्बत न खुले,
ग़ैर से बात न कर उसको काई राज़ न दे।
एक मुद्दत हुई रहता है क़फ़स में 'महबूब'
उसके हाजत नहीं है कुव्व्ते-परवाज़ न दे।

रचना वर्ष : 1981 प्रकाशन वर्ष : 2005


शब्दार्थः


राज़=भेद;
बेखुदी=मस्ती;आलम=दशा,हाल,स्थित,दुनिया,संसार;
मुग़नी=गायक; साज़=वाघ; पोशीदा=छिपा; मुद्दत=लम्बी
अवधि;
क़फ़स=पिंजड़ा(यहाँ भावार्थ क़ैद);
हाज़त=ज़रूरत,आवश्यकता;
कुव्वत=ताक़त,शक्ति; परवाज़=उड़ान।

# 49. ग़ज़लः साज़े दिल

साज़े-दिल पा जो गीत गाए हैं,
अहले-दिल वज़्द में आए हैं,
ऐसे आलम में आप आए है,
सर पे ग़म के मुहीब साए हैं।
आलमें-निज़ा वो आए हैं,
अपनी आंखों में अश्क लाए हैं।
किरन लहराई काकुले-रूख़ पर,
काले बादल फ़िज़ा में छाए हैं।
तुझको इसकी ख़बर नहीं ज़ालिम,
ज़ुल्म 'महबूब' पे जो ढाए हैं।

रचना वर्ष : 1983 प्रकाशन वर्ष : 2007-11

शब्दार्थः

साज़े दिल=हृदय रूपी वाघ;

अहले दिल=दिल वाले, भावुक हृदय;

वज़्द=मस्ती में झूमना; मुहीब=भयानक;

आलमे-निज़ा=जान निकलने का समय;

अश्क=आँसू,अश्रू; काकुले-रूख़=गालों पर बिखरी काली लटें;

फिज़ा=वातावरण; ज़ालिम=अत्याचारी,प्रताड़ित करने वाला;

ज़ुल्म=अत्याचार,प्रताड़ना।

# 50. ग़ज़लः ये वो अफ़साना है

ये वो अफ़साना है जिसकी हक़ीक़त और ही कुछ है,
मुहब्बत और एहसासे-मुहब्बत और ही कुछ है।
मिरी पलकों से गिरकर क़दर खो बैठे हैं जो आंसू,
तिरा दामन मिले तो उनकी क़िस्मत और ही कुछ है।
कहाँ बे रूह सिजदे और कहाँ ज़ौक़े फ़िदाकारी,
जो सच पूछो तो मैयारे -इबादत और ही कुछ है।
मिरा क्या है जो खुशियाँ नहीं मेरे मुक़द्दर में,
कि अब मेरी नज़र में रंजो-राहत और ही कुछ है।
ग़ुरूरे-ज़हदो-ताअत का यहाँ क्या काम है 'महबूब'
कि इस दरबार में मैयारे -अज़मत और ही कुछ है।

रचना वर्ष : 1984 प्रकाशन वर्ष : 2007-10


शब्दार्थः


अफ़साना=कहानी; हक़ीक़त=यथार्थ,वास्तविकता;
तिरा=तेरा; एहसासे-मुहब्बत=प्रेमानुभूति;
मिरी,मिरा=मेरी,मेरा;कदर=कद्र,महत्व;बे-रूह=निर्जीव;
दामन=आंचल; क़िस्मत,मुक़द्दर=तकदीर,भाग्य;
सजदे,सिजदें=जमीन पर माथा टेकना( नमाज़ पढ़ते समय

सिजदा/सजदा किया जाता है);
ज़ौके फिदाकारी=उत्सर्ग की उत्कट लालसा;
मैयार=स्तर;इबादत=उपासना; रंजो-राहत=दुख - सुख;
गुरूर=दर्प,घमंड; ज़हदो-ताअत=पवित्राता व बन्दगी;
अज़्मत=श्रेष्ठता।

# 51. ग़ज़लः दिल में तुम्हारी चाह

दिल में तुम्हारी चाह जो बसती चली गई,
दुनियाँ की चाह दिल से निकलती चली गई।
चाहत किसी की दिल में जो बसती चली गई,
हर चाह मेरे दिल से निकलती चली गई।
आतिश तुम्हारे इश्क की बुझाने न पाई फिर,
सुलगी जो एक बार सुलगती चली गई।
अफसोस मिल सका न मुआलिज कोई मुझे,
बीमारी दिन ब दिन मेरी बढ़ती चली गई।
हम तो क़फ़स में कैद थे मालूम क्या हमें,
बाग़ो से कब बहार गुज़रती चली गई।
मिल पाई न एक बूँद प्यासी जमीन को,
अब्र आए और बर्क़ लपकती चली गई।
उस शोखे-बेवफ़ा से नही कम तू कुछ अजल,
तेरी घड़ी भी आने की टलती चली गई।
'महबूब' हमारी जिन्दगी इक उलझी डोर थी
सुलझाया ज्यों ज्यों और उलझती चली गई।

रचना वर्ष : 1977 प्रकाशन वर्ष : 2008

शब्दार्थः

चाहत=चाह; आतिश=आग; इश्क=प्रेम;
अफसोस=पछतावा; मुआलिज=वैद्य,हकीम,डाक्टर;
बेवफा=कृतधन; कफस=पिंजरा; बहार=बसन्त;
अब्र=बादल; बर्क=आकाशीय विघुत/तड़ित; शोखे=चंचल;
अजल=मृत्यु; ज्यां-ज्यौं=जैसे-जैसे।

# 52. ग़ज़लः रोते थे कभी होंटों पे

रोते थे कभी होंटो पे इक आह थी कभी,
याद उनकी जिन्दगी में यों हमराह थी कभी।
गुज़रे जो उस गली तो आसू छलक पड़े,
हर रोज की अपनी ये गुज़र गाह थी कभी।
मुँह फेर लेते हैं वो हमें देखकर के आज,
लग जाने की गले से जिन्हें चाह थी कभी।
इफ़्तार रोज़ा के लिए मोहताज हैं जो आज,
जिनकी कि ईद साल में हर माह थी कभी।
'महबूब' दिल ऐसा टूटा सब अरमान सो गए,
हम को भी ख्वाहिशे -हशमो-जाह थी कभी।

रचना वर्ष : 1997 प्रकाशन वर्ष : 2008

शब्दार्थः

होंट=लब/होठ; हमराह=साथ; गुज़र गाह=रास्ता;
इफ़्तार रोज़ा=रोज़ा व्रत खोलना; मोहताज=असमर्थ;
अरमान=लालसां; ख्वाहिश=इच्छा/कामना;
हशमो-जाह=ठाठ वाट, शानशौकत।

# 53. ग़ज़लः तमन्ना के हसीं फूलों की निकहत

तमन्ना के हसीं फूलों की निकहत और ही कुछ है,
वो जब से मिल गए हैं दिल की हालत और ही कुछ है।
कभी रहबर मुहब्बत से दिलों को जीत लेते थे,
अब रहनुमाओं की सियासत और ही कुछ है।
बहुत आसान है नफ़रत के शोलों को हवा देना,
मगर दिल जोड़ देने की हक़ीक़त और ही कुछ है।
चमन अपना यक़ीनन इज़्ज़ते-खुल्दे-बरीं होता,
मगर अहले-चमन की आज हालत और ही कुछ है।
नुमायां है यहाँ हर सू हवस की गरम बाज़ारी,
मगर ए दोस्त तनवीरे-मुहब्बत और ही कुछ है।
बदल डाले हैं दुनिया ने शराफ़त के तक़ाज़े भी,
कि अब इस दौर में तर्ज़े-शराफ़त और ही कुछ है।
अगर चे मेरे दुश्मन भी मुझे 'महबूब' कहते है,
जो मुख़लिस हैं उन्हें इस दिल से निस्बत और ही कुछ है।

रचना वर्ष : 1984 प्रकाशन वर्ष :2008

शब्दार्थः

तमन्ना=इच्छा,कामना; निकहत=महक,सुगंध; नफरत=घृणा;

रहबर,रहनुमा =पथप्रदर्शक; सियासतं=राजनीति;

शोला=लपट;

इज़्ज़ते खुल्दे-बरी=स्वर्ग समान सम्मान;

हकीकत=यथार्थ; सू=तरफ,ओर,दिशा; शराफत=शिष्टाचार;

अहले चमन=चमन(बाग)के लोग(भावार्थ देश वासी);

नुमाया=प्रकट-ज़ाहिर; हवस=वासना; तक़ाजा=माँग;

तनवीरे मुहब्बत=प्रेम का प्रकाश; निस्वत=संबंध,नाता;

तर्ज़े=ढग,तरीका;अगरचे=यघपि;

निस्बत=सम्बंध; मुखलिस=सच्चा,खालिस !

# 54. ग़ज़लः ये मुहब्बत

ये मुहब्बत जो इक बला भी है,
रास आए तो दिल रूबा भी है।
अहले-दिल का ये फ़ैसला भी है,
ज़िन्दगी दर्द भी है दवा भी है।
रहनुमा है हज़ार हा लेकिन,
क्या केई मंज़िल-आशना भी है।
इन लबों की ख़मोशियों में निहाँ,
इन्क़लाबात की सदा भी है।
ज़िन्दगी इतना नाज़ करती है।
जिनकों मरने का हौसला भी है।
रौशनी को तरस रहे हैं गरीब,
इनकी क़िस्मत में इक दिया भी है।
देख तारीख़े-इंकलाबे-वतन,
क्या कहीं तेरा तज़किरा भी है।
बज़्म शेरो-सुखन में ए 'महबूब'

रचना वर्ष : 1987 प्रकाशन वर्ष :2008 -10


शब्दार्थः


बला=मुसीबत,बुराई; दिलरूवा=मनभावन;
अहले दिल=सह्रदय; रहनुमा=पथ प्रदर्शक,लीडर;

हज़ारहा=हजारों; लव=होंठ; निहा=छिपा;
मंज़िल-आशना=मंजिल को जानने वाला,
इंकलाबात=परिवर्तनों;
सदा=आवाज; नाज़=गर्व; तज़किरा= उल्लेख (ज़िक्र);
तारीखे-इंकलाब=राष्ट्र में परिवर्तन का इतिहास;
हंमनवा=हम आवाज़(साथी)

# 55. ग़ज़लः गुंचे जो लगे खिलने

गुंचे जो लगे खिलने मुस्का रहा होगा वो,
खुशबू जो लगी अब आने आ रहा होगा वो।
छाई थी बहार अब तक होने लगा पतझर क्यों,
गुल गश्ते-चमन करके घर जा रहा होगा वो।
इस ज़िन्दगी में उस पर दिल यों ही नहीं आया,
पहले भी दिलबर मेरा रहा होगा वो।
समझ न घटा काली छाई है जो सूरज पे,
रूख्सार पे ज़ुल्फ़ अपनी बिखरा रहा होगा वो।
'महबूब' कहाँ गुलशन में सहरा में उसे ढूँढूँ,
ख़ारों से कहीं दामन सुलझा रहा होना वो।

रचना वर्ष : 1990 प्रकाशन वर्ष : 2009

शब्दार्थः

गुंचे=फूल की कली; मुस्का=मुस्करा; बहार=बसन्त;
गुल गश्ते चमन=बाग़ की सैर; दिलबर=प्रिय; रूख्सार=गाल-
कपोल;
ज़ुल्फ=अलका,लट; गुलशन=बाग़-उद्यान;
सहरा=मरूस्थल; खार=कॉंटा; दामन=पल्लू,आंचल।

# 56. ग़ज़लः महफ़िल में उस हसीन की

महफिल में उस हसीन की जहाँ तक नज़र गई,
दुनियाँ दिलों की करती वो ज़ेरो-ज़बर गई।
चिल्लाए लोग अलअमाँ नागिन ने डस लिया।
ज़ुल्फ़ उनकी खुल के जूड़े से ता कमर गई।
अब्रू-ए-ख़म थी उनकी या शमशीर तेज़ धार
आया जो सामने उसे ज़ख्मी ही कर गई।
हमको नहीं ये चाह कि बाहों में आऐं वो
हुस्न उनका देख कर ही तबियत है भर गई।
'महबूब' उलझ के रह गए फ़िर बुतकदे में तुम
तैयारी काबे की तुम्हारी कहाँ फिर गई।

रचना वर्ष : 2001 प्रकाशन वर्ष : 2010

शब्दार्थः

ज़ेरो ज़बर=नीचे-ऊपर(उर्दू में नीचे ऊपर
लगने वाली मात्राय);
अलअमाँ=खुदा बचाए,ईश्वर शान्ति दे; ज़ुल्फ=लट;ता=तक;
अब्रू-ए-खम=तनी हुई भवें(क्रोध सूचक);

काबे=काबा( मक्का स्थित मुसलमानों का पवित्रतम तीर्थ
स्थल)
शमशीर- तलवार;
बुतकदा=मूर्तिस्थल(यहाँ भावार्थ है सुन्दरियों का जमघट)

# 57. ग़ज़ल : तख़्लीक़े कायनात तो

तख़्लीक़े - कायनात तो यज़दाँ के हाथ है,
अब ज़िन्दगी गुज़ारनी इंसाँ के हाथ है।
उजड़े हुए चमन में बहार आ गई है अब,
खुश्बू बिखेर देना गुलिस्ता के हाथ है।
गरदाब में फंसी है मेरी कश्ति -ए- हयात,
साहिल पा ले के जाना ये तूफाँ के हाथ है।
राहे वफ़ा में चल पड़ा 'महबूब' बे खतर,
मंज़िल पा अब पहुँचना यज़दाँ के हाथ है।
रचना वर्ष : 1978 प्रकाशन वर्ष : 2011
शब्दार्थः

तख़्लीक़=निर्माण; कायनात=ब्रह्मांड; यज़दाँ=खुदा,ईश्वर;
गुलिस्ता=वाटिका; गरदाब=भंवर; कश्ति-ए-हयात=जीवन
नौका;
साहिल=तट,किनारा; राहे-वफ़ा=मैत्री मार्ग; बेखतर=निःशंक।

# 58. ग़ज़ल : जितना जी चाहे तुम्हारा

जितना जी चाहे तुम्हारा जफ़ा करते रहना
हमने भी अब सीख लिया है ज़ुल्मों को सहते रहना।
दूर साहिल से पड़ा बह में एक तख़्ता हूँ मैं,
मौज ले जाए जिधर मुझको है बहते रहना।
जिसकी तकदीर में जो कुछ था पाया उसने,
हमको रोना है मिला आपको हंसते रहना।
कोई मकसद है इस ज़िन्दगी का या यूँ ही,
कुछ दिनों जी के यहाँ सब को मरते रहना।
वे वफ़ाई कभी बदलेगी वफ़ा में उनकी,
है ये दस्तूर-जहाँ वक़्त बदलते रहना।
खौफ़ हमको न दिखा बिजली गिराने का फ़लक,
हमको आता है नसीबों से निबटते रहना।
फ़िक्र मंज़िल की नहीं काम है अपना चलना
'महबूब' कोई ज़िन्दगी है जीते जी मरते रहना।

रचना वर्ष : 2005 प्रकाशन वर्ष : 2012

शब्दार्थः

ज़फा=ज्यादती,(वफ़ा का विलोम); जुल्म=प्रताड़ना;

साहिल=किनारा;बह्र=समुद्र;तख्ता=पटिया;
मौज=लहर,तरंग;  तकदीर=भाग्य;
मकसद=उद्देश्य;वफ़ा=कृतज्ञता;दस्तूर=नियम;
ख़ौफ=भय;  फलक=आकाश;नसीब=भाग्य;फ़िक्र=चिन्ता;
जहाँ=जहान,संसार;  मंजिल=लक्ष,गनतव्य।

# 59. ग़ज़ल : साक़ी भला हो तेरा

साक़ी भला हो तेरा पिला मुझको वो शराब,
मस्ती रहे ये जिन्दगी जब तक न दे जवाब़।
हट जाए जो दुई तो सभी झगड़े दूर हों,
क्या दैर क्या हरम व क्या गुनह् व क्या सवाब।
रंजो-खुशी है ख़्वाब में फिर सुकू कहाँ,
माना ये दुनियाँ कुछ नहीं बस एक लम्हा ख़्वाब।
ग़म जान जाने का नहीं क़ातिल है ग़म यही,
दीदार कर न पाए तू आया न बेनक़ाब ।
ख़त लिखते रहेंगे उन्हें हम तो सारी उम्र,
हम जानते हैं वो कभी देंगे नहीं जवाब।
आई लो खत्म होने को अपनी किताबे-ज़ीस्त
ग़म की है एक दास्ताँ जिसका हर एक बाब।
'महबूब' तो पी के सो गया महफ़िल जमी रही
छिड़ता रहा तरन्नुम व बजता रहा रबाब।

रचना वर्ष : 1983 प्रकाशन वर्ष : 2012-14

शब्दार्थः

साक़ी=मधुबाला;दुई=अन्य होने की भावना,गैर मानना;

दैर=मंदिर; हरम=काबा(यहाँ मस्जिद के अर्थ में);
गुनह=गुनाह, पाप; सवाब=पुण्य; सुकू=सुकून, शान्ति, चैन;
लम्हा=क्षण, पल; दीदार=दर्शन; बेनकाब=बेपर्दा, खुला चेहरा;
किताब=पुस्तक; जीस्त=जीवन, जिन्दगी;
दास्ताँ=दास्तान, कहानी;
बाब=अध्याय, तरन्नुम=सस्वर गायन;
रबाब- सितार जैसा वाद्ययंत्र।

# 60. ग़ज़लः इतना ज्यादा न सितम ढाते

इतना ज़्यादा न सितम ढाते तो अच्छा रहता,
हाल पा मेरे तरस खाते तो अच्छा रहता।
वो हमें भूल गए कुछ न शिकायत इसकी,
काश हम उनको भुला पाते तो अच्छा रहता।
रूक गए क्यों बीच में , आ गई थी मंज़िल,
दो कदम और साथ आते तो अच्छा रहता।
की न किसी ने इमदाद, हंसी सब ने उड़ाई सुनकर,
हाले-दिल लब पा न गर लाते तो अच्छा रहता।
लड़ लिए जोश में पर हार के माना हमने
ज़ोरमन्दों से न टकराते तो अच्छा रहता।
शीश-ए- दिल नहीं बाज़ार में मिलता जानां,
चोट तुम जो न पहुंचाते तो अच्छा रहता।
'महबूब' इस दर्द भरी दुनियाँ में बेकार जिए
पैदा होते ही जो मर जाते तो अच्छा रहता।

रचना वर्ष : 1993 प्रकाशन वर्ष : 2013

शब्दार्थः

सितम=अत्याचार; हाल=दशा; तरस=दया; इमदाद=सहायता;

हाले दिल=हृदय की व्यथा; लब=होंठ; गर=अगर,यदि;
जोर मंद=बाहुबली,शक्तिशाली;
शीशा ए दिल=कॉच का हृदय; जानाँ=प्रिय।

# 61. ग़ज़लः प्यार के रंगीन नज़ारे

प्यार के रंगीन नज़ारे इस तरह दिखलाए क्यों थे,
गर रूलाना था यूं ही तो क़हकहे लगाए क्यों थे।
दिल को दिल से कुछ ताआल्लुक था न, तो फिर राह चलते,
देख कर मेरी तरफ़ तुम इस तरह मुस्काए क्यां थे।
छोड़ना ही था मेरा हाथ पकड़ा किस लिए था,
दूर ही जाना था तो फिर पास इतने आए क्यों थे।
इस तरह तल्ख़ी जुदाई की चख़ाना थी अगर तो,
शरबते-विस्लत के प्याले रात दिन पिलाए क्यों थे।
जिसको समझे थे हकीक़त, ख्बाब था वो इक हमारा,
ख़्वाब की दुनियाँ में 'महबूब' हम भरमाए क्यां थे।

रचना वर्ष : 1965 प्रकाशन वर्ष : 2014

शब्दार्थः

नज़ारा=दृश्य; गर=यदि,अगर;
कहकहे=अट्टहास,ठहाके; तआल्लुक=सम्बन्ध;
राह=मार्ग,रास्ता; तल्खी=तीक्षणता,तीखापंन;
जुदाई=विरह,अलगाव; विस्लत=निकटता,संयोग;

शरबते विस्लत के प्याले=संयोग रूपी शरबत (मधुरशीतल पेय);
ख्वाब=स्वप्न,सपना; भरमाए=भ्रमित हुए।

शरबते विस्लत के प्याले=संयोग रूपी शरबत (मधुरशीतल पेय);
ख्वाब=स्वप्न,सपना; भरमाए=भ्रमित हुए।

# शुक्रिया

Thanks

Imran Farooqui

www.ingramcontent.com/pod-product-compliance
Lightning Source LLC
Chambersburg PA
CBHW031414150726
47989CB00002B/657